小帆的梦想

曹文轩 编

山东画报出版社

图书在版编目（CIP）数据

小帆的梦想 / 曹文轩编. --济南: 山东画报出版社, 2021.6
（语文第二课堂：拓展阅读版）
ISBN 978-7-5474-3852-7

Ⅰ. ①小… Ⅱ. ①曹… Ⅲ. ①阅读课－小学－课外读物
Ⅳ. ①G624.233

中国版本图书馆CIP数据核字(2021)第069013号

XIAOFAN DE MENGXIANG

小帆的梦想

（语文第二课堂：拓展阅读版）

曹文轩　编

责任编辑　王一诺
封面设计　王　芳　李　娜
插画绘制　黄　捷

出 版 人　李文波
主管单位　山东出版传媒股份有限公司
出版发行　山东画报出版社
　　　　　　社　　　址　济南市市中区英雄山路189号B座　邮编 250002
　　　　　　电　　　话　总编室（0531）82098472
　　　　　　　　　　　　市场部（0531）82098479　82098476（传真）
　　　　　　网　　　址　http://www.hbcbs.com.cn
　　　　　　电子信箱　hbcb@sdpress.com.cn
印　　刷　山东新华印务有限公司
规　　格　165毫米×235毫米　1/16
　　　　　　12印张　50幅图　130千字
版　　次　2021年6月第1版
印　　次　2021年6月第1次印刷
书　　号　ISBN 978-7-5474-3852-7
定　　价　180.00元（全六册）

如有印装质量问题，请与出版社总编室联系更换。

序　言

　　无论是中国的语文教学大纲、课程标准还是国外的语文教学大纲、课程标准，也无论是哪一时代的语文教学大纲、课程标准，都无一例外地将学习语文的目的确定为：培养学生的语言文字表达能力。相对于"人文性"这一概念，我们将这一点说成是语文的"工具性"。这么说没有问题——问题是我们对"工具性"的理解是不够的。在我们的感觉中，"工具性"似乎是一个与"人文性"在重要性上是有级别差异的概念。我们在说到"工具性"时往往都显得不那么理直气壮，越是强调这一点就越是觉得它是一个矮于"人文性"的观念，只是我们不得不说才说的。其实，这里的"工具性"至少是一个与"人文性"并驾齐驱的概念。离开语言文字，讨论任何问题几乎都是没有意义的。另外我们有没有注意到，语言文字根本上也是人文性的。难道不是吗？二十世纪哲学大转型，就是争吵乃至恶斗了数个世纪的哲学忽于一天早晨都安静下来面对一个共同的问题：语言问题。哲学终于发现，所有的问题都是通向语言的。不将语言搞定，我们探讨真理几乎就是无效的。于是语言哲学成为几乎全部的哲学。一个个词，一个个句子，不只是一个个词，一个个句子，它们是存在的状态，是存在的结构。海德格尔、萨特、加缪、维特根斯坦等，将全部的时间用在了语言和与语言相关的问题的探讨上。甚至一些作家也从哲学的角度思考语言的问题，比如米兰·昆德拉。他写小说的思路和方式很简单，就是琢磨一个个词，比如"轻"，比如"媚俗""不朽"等。他告诉我们，一部小说只需要琢磨一两个词就足够了，因为所有的词都是某种存在状态，甚至是存在的基本状态。

从前说语言使思想得以实现，现在我们发现，语言本身就是思想，或者说是思想的产物。语言与思维有关。语言与认知这个世界有关，而认知之后的表达同样需要语言。语言直接关乎我们认知世界的深度和表达的深刻。文字使一切认识得以落实，使思想流传、传承成为可能。

从这个意义上说，语言文字能力，是一个健全的人的基本能力。而语文就是用来帮助人形成并强化这个能力的。为什么说语文学科是一切学科的基础，道理就在于一个人无论从事何种职业，都必须以很好的语言文字能力作为前提。因为语言文字能力与认知能力有关。

但要学好语文，只依赖于语文教科书恐怕是难以做到的。

语文教科书只是学好语文的一部分，甚至说是很有限的一部分。语文教学是语文学习的引导，老师们通过分析课文，让学生懂得如何阅读和分析课文，如何掌握语言文字去对世界进行思考和如何用语言文字去表述这个世界。但几本语文教科书能够提供给学生的学习文本是十分有限的，仅凭这些文本，要达到理想的语文水平是根本不可能的。语文能力的形成和语文水平的提高，必须建立在广泛而深入的课外阅读上——语文教材以外的书籍阅读上。许多年前我就和语文老师们交谈过：如果一个语文老师以为一本语文教材就是语文教学的全部，那么，要让学生学好语文是不可能的。从讲语文课而言，语文老师也要阅读大量教材以外的书籍，因为攻克语文这座山头的力量并不是来自语文教科书本身，而是来自其他山头——其他书籍，这些山头屯兵百万，只有调集这些山头的力量才能最终攻克语文这座山头。对学生而言，只有进行广泛而深入的课外阅读，才能深刻领会语文老师对语文教科书中的文本讲解，才能让语文教科书发挥应有的作用。

人类历史数千年，写作作为一种精神活动的历史也已十分漫长，天下好文章绝不是语文教科书就能容纳下的。所以，我们只有以语文教科书为依托，尽可能地阅读课外的书籍。但问题来了：这世界上的书籍浩如烟海、满坑满谷，一个人是不可能将其统统阅读尽的，即便是倾其一生，也不可能；关键是这些书籍鱼龙混杂，不是每一本、每一篇都值得劳心劳力去阅读的。这就要由一些专门的读书人去为普通百姓选书，而对于中小学生而言，就更需要让有读书经验的人为他们选择书籍了，好让他们将宝贵的时间用在最值得阅读的书籍上。

对于小学生而言，自由阅读固然重要，但有指导的阅读同样重要，甚至说更加重要。这套书就是基于这样的理念编写成的。参与这套书编写的有专家学者，有一线的著名语文老师，我们的心愿是完全一致的：尽可能地将最好的文本集中呈现给孩子们，然后精心指导他们对这些文本加以阅读。从某种意义上说，这套书是因教科书而设置的语文课堂的延续和扩展——语文的第二课堂。

曹文轩

2019年4月29日于北京大学

目　录

相信未来

如阳光般温暖

认识自己

思考的力量

我的雀跃与欢喜

细细品咂人间至味

目录

孩子，让我们一起面对

相信未来

导读

就算是一片叶子，也会向着有阳光的地方生长；就算是一只飞虫，即使燃烧翅膀也会向着有光的地方飞翔。这样一句"向着明亮那方"，背后蕴含着怎样的道理呢？让我们一起来阅读一下这首富有哲理的小诗。

向着明亮那方

［日］金子美铃

向着明亮那方

向着明亮那方。

哪怕一片叶子

也要向着日光洒下的方向。

灌木丛中的小草啊。

向着明亮那方

向着明亮那方。

哪怕烧焦了翅膀

也要飞向灯火闪烁的方向。

夜里的飞虫啊。

向着明亮那方

向着明亮那方。

哪怕只是分寸的宽敞

也要向着阳光照射的方向。

住在都会的孩子们啊。

（吴菲　译）

牵手阅读

　　日本的金子美铃是一位童谣诗人，在写给孩子们的这样一首诗中，她反复强调着标题这一句"向着明亮那方"。这里的"明亮"指的是希望，是信仰，是光明的未来，也就是告诫我们无论遇到怎样的坎坷，都不能放弃自己心中最开始的信念。对你而言，文中的"明亮"指的是什么？

导读

这是一首只有两句的诗，是朦胧派诗人顾城的代表作之一，一直传颂至今。那么，就让我们来看一看这是怎样的一首诗。

一代人

顾　城

黑夜给了我黑色的眼睛，

我却用它寻找光明。

牵手阅读

这首只有短短两句的诗，里面有三个比较重要的意象："黑夜""眼睛""光明"，都是常见的现象或事物，这使得这首短诗更具有魅力。《一代人》既是这一代人的自我阐释，又是这一代人不屈精神的写照。黑暗要扼杀一个人明亮的眼睛，但黑暗的扼杀并没有达到它的目的，反而创造了它的对立物：黑色的眼睛。黑暗使一代人觉醒，使一代人产生更强烈的寻找光明的愿望与动力。读完这首诗，你有怎样的感想？

导读

　　你在学习和生活中，有没有遇到过很难解决的问题，让自己内心感到无比难过？相信你一定有自己的处理方法。接下来就让我们看看俄国诗人普希金是如何面对这样的情况的。

假如生活欺骗了你

［俄］普希金

假如生活欺骗了你，

不要悲伤，不要心急。

忧郁的日子里须要镇静，

相信吧，快乐的日子将会来临。

心儿永远向往着未来，

现在却常是忧郁；

一切都是瞬息，

一切都将会过去，

而那过去了的，

就会成为亲切的回忆。

（冯春 译）

 **牵手阅读**

　　这首诗写于普希金被幽禁期间，面对这样的绝境，普希金却说"快乐的日子将会来临""一切都是瞬息"，他用和蔼而亲切的口吻，表达出自己面对困境时的乐观积极的态度，激励自己不要气馁不要退缩，要相信美好的未来总会到来。我们面对困难的时候，也要像普希金一样，始终对生活充满热情，对未来充满信心。读完这首诗，你对于困境有了什么新的感悟？为什么说"过去了的，就会成为亲切的回忆"？

导读

　　生活难以一帆风顺，常伴有挫折和挑战。苦难可以打败弱者，却永远无法让强者低下高贵的头颅。当生命中出现困难，不要灰心，不要着急，振作起来，正如本诗所说的那样，始终相信未来。

相信未来

食　指

当蜘蛛网无情地查封了我的炉台

当灰烬的余烟叹息着贫困的悲哀

我依然固执地铺平失望的灰烬

用美丽的雪花写下：相信未来

当我的紫葡萄化为深秋的泪水

当我的鲜花依偎在别人的情怀

我依然固执地用凝露的枯藤

在凄凉的大地上写下：相信未来

我要用手指涌向天边的排浪

我要用手掌托起太阳的大海

摇曳着曙光那支温暖漂亮的笔杆

用孩子的笔体写下：相信未来

我之所以坚定地相信未来

是我相信未来人们的眼睛

她有拨开历史风尘的睫毛

她有看透岁月篇章的瞳孔

不管人们对于我们腐烂的皮肉

那些迷途的惆怅、失败的苦痛

是寄予感动的热泪、深切的同情

还是给以轻蔑的微笑、辛辣的嘲讽

我坚信人们对于我们的脊骨

那无数次的探索、迷途、失败和成功

一定会给予客观、公正的评定

小帆的梦想

是的，我焦急地等待着他们的评定

朋友，坚定地相信未来吧

相信不屈不挠的努力

相信战胜死亡的年轻

相信未来，热爱生命

 牵手阅读

这首诗充满了力量，令人振奋。无论是多么难走的路、多么难过的坎，只要坚信未来是美好的，就没有什么能够打败自己。结合本诗，谈一谈你对挫折的理解和认识。

如阳光般温暖

导读

我们总是哀叹世风日下，殊不知改变这一切的力量，就掌握在我们每个人手里，"从我做起"从来不只是一句口号。

别人的妈妈

［英］玛丽·布里恩

老妇人头发灰白穿着破衣衫，

冬日的寒冷使她的背脊更弯。

近日的融雪弄得满街泥泞，

老妇人的脚步老迈又迟疑。

她站在十字街口迈不开步，

拥挤的行人中她没有照顾。

人们来来往往穿过她身旁，
没有人注意她求助的目光。

街那头传过来叫声笑声，
学校里刚响过放学铃声。

孩子们欢跳着擦过老妇，
一个个喊叫着没人停步。

终于，人海里冒出个青年，
他快步走到老妇人身边。

他牵着她的手细声说道：
"大妈，我扶您穿过街道。"

小伙子扶着脚步不稳的老妇，
小心翼翼地穿过繁忙的马路。

送走了大妈他快步赶上朋友，
朋友们问他是否认识那老妇。

他说不认识，是别人的妈妈，

她年纪大了，走路时会眼花。

晚上，"别人的妈妈"并起双脚，

虔诚地念着下边的祷告：

"请关照那个好心的孩子，

保佑他将来能够办大事。"

（周易 译）

 牵手阅读

"别人的"和"自己的"，本是两个相对的词语，

而这篇《别人的妈妈》却让我们看到"别人的"并非

都与自己无关。在人人忙着照管"自己"的街口，一

个青年对"别人的妈妈"默默帮扶，照亮、温暖了

整个冬日。你读完有没有心生暖意与感动？

穿浅蓝格子衬衫的太阳

王立春

只要时钟能把五点撞响

妈妈你就能从那片房子中走出来

你下班了妈妈

手里捧着刚买的豆角

或是紫色的茄子

匆匆地往家走

白色的风在你的手上跳独脚舞

你都看不见

只管一个心思地回家

一路小跑

如阳光般温暖

017

妈妈你看那太阳也往家走着

西山那边是她的家

她竟不慌不忙

因为她没有孩子

而你的孩子在夕阳的脚步声里

准时地站上窗台

鼻子在玻璃上

压成一排扁扁的小蘑菇

妈妈如果你长着巨人的腿

就可以一步跨过壕沟跨过大地跨过小河

后脚都不用抬

就到了我们门前

哗啦啦的大门声里

我们要蹦起来

进屋时

我们都转向了你

像灿烂的向日葵

妈妈

你是我们带着一脸笑的

穿浅蓝格子衬衫的太阳

　　这首小诗字里行间洋溢着孩童对妈妈纯真的爱以及对大自然烂漫的想象。作者运用拟人的手法，赋予"白色的风""太阳"人的情感和姿态，风会在妈妈的手上跳舞，太阳也会走向西山那边的家，自然的万物都伴随在妈妈的身边，构成了一幅生动活泼的图画。而"我"多么希望妈妈能长着巨人的双腿，一步就能到家。那么，小朋友们，我们该用什么样的方式表达对妈妈的关心和爱呢？

如阳光般温暖

导读

别的火车头都轰隆轰隆地在铁轨上跑，可有一个老火车头却只能躺在车库里，因为它实在是太老了。有一天，它向车库的管理员提了一个要求，是什么要求呢？

老火车头的故事

冰 波

有一个很老很老的火车头，他躺在一个安安静静的车库里。别的火车头都轰隆轰隆地在铁路上跑呢，他们有的带装货的车厢，有的带载客的车厢，只有他静静地躺在车库里。

老火车头为什么躺在车库里呢？

因为他老了，再也跑不动了，只能听听铁轨上别的火车跑起来发出的声音。

车库里，多么静啊！好像，大家都把他忘记了吧？

老火车头常常想：我年轻的时候，很多很多的人都坐过我的火车，但是，坐火车到底是个什么滋味呢？

是呀，老火车头带了一辈子的火车，可自己却从来没有坐过火车。

老火车头想：我真想坐一次火车啊……

老火车头就对车库的管理员说："我……我也想坐一次火车。"

管理员一听，就呆住了。是啊，老火车头让人家坐了那么多年的火车，自己却从来没有坐过火车啊。这个愿望可 定得满足。

于是，管理员就给上级打电话。

过了一会儿，管理员回来了，他对老火车头说："行啦，已经说好啦，让你坐一次火车。而且，还要让你坐一次船呢！"

"真的？"老火车头很高兴。

第二天，一辆大吊车就把老火车头放到了一辆火车上。

"呜——轰隆轰隆——"火车把老火车头带走了。

"哈哈，哈哈，坐火车原来是这个滋味呀！"老火车头很高兴地笑了。

火车开到了一个港口，有一辆大吊车把老火车头吊到了一艘大轮船上。

"呜——"大轮船开动了。老火车头又笑了："哈哈，哈哈，坐船原来是这个滋味呀！

最后，老火车头被送进了一个新的博物馆。在他的身上挂了一块很大的牌子，上面写着："这是最古老的火车头。"

每天都有很多小朋友来看他。他们说："哎呀，古老的火车头原来是这样的呀！"然后，小朋友们会爬到他的身上来，想着自己是在开火车。

每当这个时候，老火车头就很高兴，觉得自己真的还在铁轨上跑呢。

　　带了一辈子火车的老火车头孤零零地躺在车库里，忽然有一天，它想知道坐火车是什么滋味。结果，它不仅坐了火车，还坐了轮船，而且还被送进了新的博物馆，每天有许多小朋友来看它。故事开头的安静与结尾的热闹形成了鲜明的对比，老火车头正是因为他人的关怀和善解人意而重新体会到了"还在铁轨上跑"的快乐。你是不是也觉得帮助、关心他人让这个世界变得更温暖了呢？

导读

暴风雨即将来临的时候，一只白鸽迷失了方向。凛冽的寒风，压抑的乌云，滚滚的雷声，一切都预示着一场可怕的暴风雨即将来临……

鸽 子

［俄］屠格涅夫

我站在一座平缓的小山之巅：大片成熟的黑麦田展现在我面前，五光十色，有如一片大海，有时金光灿灿，有时银光闪闪。

然而这海面上并没有荡漾的涟漪，闷热的空气也没有缓缓流动——一场大雷雨正在酿成。

我附近阳光依旧照着，烤得人暖烘烘的，而火焰已软弱无力了。但是麦田的那一边，不太远的地方，深蓝色的乌云恰似一堆沉重的庞然大物，遮蔽了整整半边天空。

在残阳如血的余晖下，万物都已隐蔽起来……万物都显得疲惫无力。既听不见，也看不见任何一只鸟儿的踪影。连麻雀也躲藏了起来。只有近处一片孤零零的牛蒡的大叶子在顽强地叨叨絮语，啪啪作响。

田埂上艾蒿的气息多么强烈！我望着蓝色的庞然大物……心中一片茫然。"快来吧，快一点儿！"我思忖道，"闪起来吧，金色的蛇，震颤起来吧，雷电！移动起来吧，滚滚翻动起来，化作倾盆大雨吧，可恶的乌云！这叫人心烦难耐的状态，该结束了！"然而乌云丝毫未动。它依然压迫着无声的大地……只不过仿佛膨胀起来，变暗了。

这时在乌云清一色的蓝底上有什么东西开始隐现，从容而平稳；那东西简直像一块白手帕或一个小雪球。那是一只白鸽从村庄的方向飞来。

它一直飞，飞，始终笔直、笔直地飞……然后隐没在树林的后面。

稍稍过了一会儿，还是静得可怕……但是你看！已经隐隐约约地出现两块手帕，两个小雪球在往回疾飞：那是两只鸽子正平稳安详地飞回家去。

此时暴风雨终于发作起来——热闹的场面开始了！

我总算赶回了家。狂风呼啸，疯狂地发出回响。棕红色的云团低压着大地，仿佛被撕成了缕缕碎片，飞也似的飘忽而去。一切都开始打转，混合在一起：大雨倾盆，抽打下来，摇摇晃晃，有如一根根垂直的柱子；电光耀眼，仿佛片片火光闪闪的树叶；雷声隆隆，时继时续，犹如大炮的轰鸣，闻得到硫黄的气息……

但是屋檐下，天窗的边上，并排停着两只鸽子——正是飞去召唤自己伙伴的那一只和被它领回家，也许是被它搭救回来的那另一只。

两只鸽子都蓬着羽毛，每一只鸽子凭自己的翅膀感觉得到相邻的那只的翅膀……

它们心里定然很高兴！望着它们，我心里也挺高兴……虽然我只是一个人……就如一直以来那样……只是一个人。

（沈念驹 译）

　　本文的作者屠格涅夫，是俄国19世纪杰出的批判现实主义作家。这篇散文讲的是在暴风雨来临之际，一只白鸽在危险之境找寻同伴的情景。通过这感人的场面描绘，颂扬了鸽子与伙伴相互扶持、患难与共的崇高精神与生死相依的珍贵情谊，含蓄地寄托了作者对人间真情的期冀与渴望。读完本文，请思考一下作者是如何用环境描写来衬托暴风雨来临时阴森的气氛的？

导读

狗是人类最忠实的朋友，故事里的雪狼就是一条对主人忠心耿耿的猎犬，甚至为了拯救主人付出了自己的生命。一起来看看这条猎狗的传奇命运吧。

雪 狼

孙中旦

战马飞奔了一天，寒月挂在树梢的时候，张排长才到达原始山林环抱着的一个小小的山村。

山村里空荡荡的，只有几间松木搭起的木屋，死一般寂静。他在一间泻出昏黄灯光的木屋前甩镫下马，旋风般地闯了进去。屋里，一位老爹正盘腿坐在炕上，守着孤灯饮酒。

"接到通知没有？"张排长顾不得打招呼，急匆匆地问。

"你是……"老爹放下酒碗，抹了一把胡子，迟疑地望着来客。

"我是军区的，要过伊勒呼里山，去711观测所……"张排长摘下满是冰霜的皮帽，介绍着自己，"我需要一个民兵做向导……你们没接到通知？"

"大小伙子都上猎场了，这儿只有我这个瘸老头领着几个娃娃。"老爹为难地摊开双手，"要不，派给你个娃娃？"

"什么？娃娃？开什么玩笑！"张排长斩钉截铁地说，"我有紧急军情，不是儿戏！"

"谁这么狗眼看人低？！"随着一声粗野的喝声，从门外跳进一个人来。

张排长回身望去，只见来人满身冰雪，身量不高，可挺结实。他胸脯挺得鼓鼓的，一手提马鞭，一手拎着支大口径猎枪，几步走到老爹身边，从用云杉木制成的粗糙桌面上不客气地端起碗酒，灌了一口，然后用皮袍的袖口抹了把下巴。借着灯光打量起张排长。张排长也审视着他……

"你是……哈，我们认识！"来人大步跨到张排长对面，叉开两腿，逼视着对方的眼睛，"就你还敢小瞧人？！

老爹，在路上他险些让雪狼吓破胆，哈哈哈！"他肆无忌惮地大笑起来。

这时张排长也看清了来人，不由得想起刚才那令人沮丧的一幕……

军情紧急，一出发，他就紧催战马翻过座座山岗，穿过片片桦树林，在林海雪原上一会儿狂奔，一会儿疾走。

突然，战马长啸一声，啸声中充满了惊恐，接着它头尾乱摆，蹦跳着后退。张排长扯紧缰绳，四处张望。莫非遇见了老虎？不然，怎会把这匹勇猛的战马惊吓成这副模样？

一只凶猛的大狼，身上挂满了冰雪，从隐蔽的灌木丛中一跃而起，朝战马闪电般袭来。惊恐的战马骤然直立，把张排长掀翻在地。狼没容张排长翻过身来，便敏捷地扑过去，用强有力的爪子狠踏在他的胸脯上，龇着利齿的嘴巴直逼他的咽喉。狼的动作凶猛而又熟练，迅速而又准确，根本不给对手还击的机会。

这时，随着一声长长的口哨，一匹马狂奔到张排长身边，张排长看不清骑手的面目，只见马的四蹄暴躁地敲击着冻土。这时狼竟然放开他，尾随着身份不明的骑手去追赶张排长那匹受惊的战马。

一会儿，骑手拽着张排长的战马旋风般归来。

"喂，是你的马吗？"骑手用力勒了一下嚼子，马发出一声尖厉的嘶鸣，顿时安静下来。

"骑兵让马甩下来，可不是件光彩事。"骑手从马上跳下来，抽紧马肚带，用嘲弄的口吻继续说，"受惊了，解放军叔叔，开个小玩笑。扑你的不是狼，是条猎狗，可有点像狼，对吗？"说完，他靠在马身上咯咯笑起来。张排长这才看清骑手原来是个半大的毛孩子。他懊丧地跳上战马，在马屁股上扫了一枪托，战马原地转了一圈，昂首向前奔去。他身后传来孩子的喊声："叔叔，您还没谢我呢，我找回了您的马……"

现在，守林的老汉把这个孩子派给他当向导。他没有办法拒绝——眼下只有这个孩子。

到711观测所必须穿越伊勒呼里原始山林，那是一段三百里路的艰难旅程。在大雪封山的季节里，山林里没有道路，没有人烟，有的只是零下四五十度的严寒及难以预测的危险：饥饿的猛兽，积雪覆盖的峡谷和雪坑，飓风般的穿山风和连绵不断、危机四伏的山林。张排长望望远处的伊勒呼里群峰和在不远处认真查看道路的小向导，微微皱了皱眉。

雪狼真像山林中的大狼，可细看身上的毛色和斑点，它又不属狼种。它从腿到头，由白色、黄白色、灰白色构成了白的色阶，背上和脖子上的毛是浅灰色的，爪子和眼周围有黑斑，眼睛明亮有神，好似两颗棕色的宝石。它在小骑手的前头平稳、飞速地滑跑，毫不费力，不像战马老是大口地喘着粗气、打着响鼻。

太阳升起来了，伊勒呼里群峰反射出耀眼的银光。风住了，山林停止了呼啸。

峡谷里到处可见寻找食物的野狼、狐狸在雪地上踏出的谜一样的足迹。雪狼一会儿也不安分，总要激动地循着这些足迹追去，但每次都被主人威严的口令唤了回来。它显得很生气，不时箭一般地刺向灌木丛，把野兔惊扰得四处奔逃，把在雪地上觅食的白沙鸡吓得直扑蓝天。

突然，张排长惊叫了一声，战马跌进了雪坑。山林里这种雪坑很多，被积雪填平后很难发现。战马发出一声暴躁的嘶鸣，倚仗冲力一跃而起，但没奔几步又陷进另一个雪坑里。这次张排长被甩出三四步远，重重摔在地上。

雪狼叼起雪地上的皮帽子，送还给张排长。小骑手则十分熟练地检查着战马，他拍着战马汗涔涔的脑门，讥讽地说："别逞能，闯山林你还差得远呢！"

张排长这才明白，为什么雪青马总跟在雪狼身后。原来在大雪覆盖的山林里赶路，不光要靠小骑手，还要靠雪狼。这家伙能发现雪坑，它是向导的向导。他对这只神奇的狗产生了好感，接过皮帽时想拍拍它的脑门，但雪狼凶恶地盯着他的手，发出威严的咆哮。

打尖的时候，张排长打算和雪狼改善一下"敌对"关系。他举着嗞嗞作响的烤鹿肉召唤雪狼，可雪狼不见了。

"看见雪狼了吗？"

"跑不远。"小骑手没有先填饱肚子，而是在那喂两匹疲惫的马。看得出来，他是一个有经验的骑手，知道在山林中赶路最重要的是什么。

忽然，在离他们头顶十几米远的高处，传来急促的唰唰声。张排长扔掉烤肉，抄起自动步枪，把枪机拉得哗哗响。小骑手也放下手中的活计细听起来。

"是雪狼！"小骑手一面喊，一面压下自动步枪。他怕张排长冒冒失失地开火。

果然是雪狼。它嘴上咬着一只野兔，粗壮的前爪牢牢地抓着地，朝下面探头望着。

"在山林里雪狼是用不着喂的，它能寻找到自己的食物。"小骑手抢过张排长准备丢给雪狼的鹿肉，"咱们的食物并不充足。"

吞下野兔，雪狼并没回来，只是吠。它顽皮地弓起身子，原地踏步，又用前爪扒地，两耳贴在头上，飞快地摇动尾巴，两眼现出焦灼不安……

"你收拾一下，我去看看。"小骑手甩掉半披在肩头的皮袍，用枪托重重捶了一下雪青马的屁股。马突然负痛，后腿一蹲，腰一弓，箭一样向前蹿去。在它闪过小骑手身边的一瞬间，小骑手一扳马鞍，身体灵巧地一横，轻轻跃上了马背，飞驰而去。张排长不禁心中暗暗喝彩。

一会儿，张排长听到远处传来一声枪响。他迅疾地飞马提枪，向林子深处奔去。

是雪狼惹下的祸。它不知怎么发现了一头冬眠的熊，把它从洞穴中引了出来。

小骑手扣动扳机，由于慌乱，没击中熊的要害。受伤的熊疯狂了，张牙舞爪地朝小骑手扑来。换子弹来不及了，小骑手只得把枪丢开，拔出匕首迎战冲到面前的黑熊。雪狼抢在主人前头朝熊的咽部咬去。熊不得不丢下小骑手来对付这只不知死活的狗。雪狼和黑熊厮打着，一起滚进了雪坑。雪狼咬红了眼，一纵身跳到熊的背上撕咬起来。雪坑四壁是光溜的岩石，雪狼再也跳不上来了，眼看就要被暴怒的黑熊撕成碎块。小骑手不顾一切地扑到了熊的背上，用匕首狠狠地刺去。熊在坑中奋力翻滚着，要用身体把人和狗碾死……

张排长赶到后，急忙下马跳到坑内，用枪口顶住熊的后脑狠狠地扣动扳机，直到把熊的脑袋打烂才住手。

雪狼的胸上、背上和腹部被熊撕扯得皮肉翻开，可它没有躺倒，仍奋力地朝前方跃去。两匹骏马也旋风般地冲出了峡谷。

通往山顶的路越来越难行了，人也越来越疲乏。从出发到现在，小骑手水米未打牙，再加上长途奔驰、搏斗，他几乎连马鞍也坐不稳了。

负伤的雪狼仍尽职地在前面探路，走得依然平稳轻松。小骑手一言不发，两眼盯着雪狼踏出的足迹，耳朵捕捉着山林中轻微的响声。

天渐渐黑下来了。他们准备饱餐一顿，然后翻过山峰到山的那面坡上露营。这时，张排长忽然叫了起来。原来所有的食品与饲料全部被遗忘在中午打尖的石壁下了。最糟糕的是小骑手的皮袍和露营用的皮褥子也被遗忘在那里。在零下四五十度的严寒里，没有御寒衣，并且空着肚子，露营是不可想象的。

小骑手没有抱怨，抱怨又有什么用？还是赶紧翻过山峰，避开这迎风的山坡要紧。否则，天黑下来他们就会被冻死。张排长悄悄摘下步枪，他希望能遇见什么野兽，哪怕是只狼也好。只要打到一只野兽，食物问题就解决了。雪狼在前头安静地行走着，这说明他们的周围只有死一样的寂静，什么活物也没有。

他们不敢停下来，只是机械地跟着雪狼行进。战马翻过山顶时已经筋疲力尽，终于倒下了。张排长被重重地抛出去，撞在一棵大树上，昏迷过去。

小骑手点燃了篝火，命令雪狼守护在张排长身边，便独自朝附近摸去。他要寻找一块适于宿营的地方，顺便找点儿食物。没走多远，他突然一声惊叫，滑进了一个被积雪覆盖的石缝。

雪狼惊慌失措，发出低沉的哀叫。它明白主人遇到了危险，便叼住了张排长的衣袖，想拉他去救助自己的主人，但没有成功。它奔向石缝边，又不敢离开昏迷的张排长，只得在张排长与石缝之间紧张地往返奔跑……

突然，它尖叫着跳起来，似乎生出一个新念头。它向石缝边跑过去，纵身一跃，消失在石缝里……

小骑手爬回张排长身边的时候，已经疲惫不堪了。那石缝并不太陡，只是他被埋在厚厚的积雪下，呼吸很困难。

如果不及时拉着雪狼的尾巴爬上来，时间一长他肯定会被闷死或是冻死。

张排长苏醒过来了。他本来就摔得不重，只是身体过于疲劳和虚弱。

起风了，篝火被吹得像醉汉一样摇摇摆摆。两匹马在一旁无精打采地啃着树皮，它们也许连刨雪找草根的力气也耗尽了。张排长一挪动身体，就感到阵阵晕眩，眼前金星飞舞。他咬紧牙关、奋力挪到小骑手身边，把他搂在被熊扯得稀烂的军用皮大衣里。

"全怪我，"张排长叹了口气，"连累了你。"

"不，叔叔，要怪我没经验。"小骑手仰起脸认真地说，他陷入了沉思，好久好久不说话。后来，他直起身，把雪狼唤过来，对张排长说："给你说说雪狼吧，你不是总在问吗？"

张排长感兴趣地点点头。说会儿话至少可以让他们暂时忘了饥饿。雪狼乖乖地趴在他们中间，头枕在前爪上，讨好地让小主人摸摸耳朵。

"它是我从雪窝里捡来的，也许是野狗生的，拾回来的时候还不会睁眼，是我到山下用猎物换来的羊奶喂大的。"小骑手深情地讲起来。"我像待小孩子那样伺候它睡觉，给它围上暖和的被子。到它能吃东西的时候，我就把嚼烂的干粮和肉用手指一下一下地喂到它的嘴里，这个淘气包经常噙着我的手指头当奶头吸吮。看，就是这根手指头。"

小骑手明显地激动起来，脸在火光中泛起了红晕，并且梦呓般地重复着："看，就是这根手指，用来扣扳机的食指……"

张排长吃惊地看着他，心想：出了什么毛病？听说快要冻死的人会精神失常，产生种种幻觉，莫非……

沉默了一会儿，看着自己冻僵了的右手手指，小骑手继续说："除我之外，它不知道谁是它的母亲。后来长大了，它帮我干了好多好多活啊——从来不偷懒，不怕危险，还会把新猎狗带好，这对猎手来说很重要。它还很伶俐、懂事，什么事只要做一遍给它看，它马上就能学会。"说着，他假装咳了起来。雪狼赶紧站起来，跑到主人身后，用厚实的前掌给小主人捶背。一下一下，不轻不重，不紧不慢，样子十分逗人，直到主人的表演结束。

"真是条好狗！"张排长也不禁动情地在雪狼的背上拍了一下。

"它什么都懂，只是不会讲话，不管你说什么，它全明白。现在你瞧，我们讲它什么，它都知道。我非常非常疼爱这条狗，它一点不比边防军的军犬差。今年春天，有人用五只同样大小的猎狗跟我换它，我没有换。村里所有的人都不同意换，为什么？因为雪狼是远近闻名的好狗。"

又是一阵沉默，沉默得听得见饥肠辘辘声。小骑手对着篝火思考着什么，他那厚厚的嘴唇和身体轻微地抖动起来。

"它是条好狗。它能干好多活……它救过好多人的命……"小骑手说到这里，费力地咽下一口唾沫。突然，他轻轻地说："现在我要杀死它，杀死它……"

"你疯了……"张排长惊异地喊道。

"咱俩都冻僵了，用不了一小时都要被冻死，不过……不过……狗肉能发热……"小骑手说着，眼里突然涌出大颗的泪珠。

"要杀，杀我的马！"张排长吼了一声。

"胡说！你知道在山林里赶路最要紧的是什么？是马！是马！没有马的帮助，咱们三天五天甭想走出这座山，最后还是饿死冻死。现在这两匹马都垮了，说不定什么时候就会倒下，你还有紧急的军情，刻不容缓。这比雪狼乃至咱俩的生命更重要，马，绝对不能杀！"

他们相视沉默着，心里都在翻江倒海。小骑手熟练地把子弹压进大口径猎枪的枪膛，摇晃着站了起来。山林的猎手信奉着这样的格言："空话不解决问题，行动才能化险为夷。"

雪狼发现主人的神情有了变化，迅速地抬起头。小骑手举枪对准雪狼的头。张排长动作敏捷地抄起自动步枪，准备抢先向自己的战马扫射。他知道只有战马倒下了，才能换取雪狼的生命。

"不准动！"小骑手好像早就料到这一手，猎枪的枪口对准了张排长，"把枪放下，山林里我是你的司令，不服从命令，雪狼！"雪狼应声扑到张排长的身上，两只强壮的前爪搭在他的肩上，舌头在他的脸前晃荡着，喉咙里发出令人毛骨悚然的咆哮声。

"我喊'一·二三'，把枪放下，要不雪狼可不客气了。"

张排长见事已如此，只好放下自动步枪。他把雪狼的头紧紧抱在怀里抚摸……

雪狼稳稳地蹲坐在雪地上，从容地对着近在咫尺的枪口。它对主人是那样信任，眼神中流露出平静和安详，它甚至还用舌头舔了舔黑洞洞的枪口。

一秒、两秒、三秒……枪口在雪狼的头顶上抖动着。张排长背过脸去，他不忍心看这悲惨的场面。小骑手最后看了一眼心爱的雪狼，慢慢闭上了眼睛，他的手指紧扣在扳机上……终于，枪声响了，雪狼仍坐在那里，一动没动，只是回头看了看不远处雪地上的弹着点。

小骑手猛然拾起自动步枪，猝不及防地把整整一梭子子弹全部打进了雪狼的脑袋。"不会有痛苦，一下子就……刚才我怕一枪结果不了它，它太强壮，所以……"自动步枪骤然落在了雪地上，他的脸不断地痉挛……

天蒙蒙亮，他们要启程了。雪青马围着火堆转着，不停地高声嘶鸣，用蹄子狠命刨着临时用石块堆砌起的坟墓，

小帆的梦想

那里埋葬着雪狼的忠骨……忽然，小骑手把两个手指塞进嘴里，向着林子的深处，向着远山，向着蓝天，打了一个长长的、几乎要震裂耳膜的呼哨。那呼哨凄凉悲壮，在整个山林中引起一阵又一阵的回响，久久不断……

 **牵手阅读**

《雪狼》塑造了张排长、小·骑手和雪狼三个令人难忘的形象。尤其是雪狼，作者通过叙述它扑倒张排长、担当向导的向导、招惹冬眠的黑熊、跳石缝救主人、替小·骑手捶背等情节，将一条顽强、聪慧、忠诚、勇猛的猎狗塑造得栩栩如生。最后为了紧急军情，也为了能让张排长活下来，小·骑手不得不忍痛射杀了心爱的猎狗。这是残忍的选择，也是无奈的诀别，却也为人狗间的情感添上了浓墨重彩的最后一笔。你能理解小·骑手做的选择吗？如果你是小·骑手，你会做出什么样的选择呢？

认识自己

导读

诗人周梦蝶的名字里也有一个"蝶"字，这首诗既是在写一只小蝴蝶，也是在表达诗人自己的心声。读读看，诗人想诉说什么样的心里话？

我是一只小蝴蝶（节选）

周梦蝶

我是一只小蝴蝶

我不威武，甚至也不绚丽

但是，我有翅膀，有胆量

我敢于向天下所有的

以平等待我的眼睛说：

我是一只小蝴蝶！

我是一只小蝴蝶

世界老时

我最后老

世界小时

我最先小

而当世界沉默的时候

世界睡觉的时候

我不睡觉

为了明天

明天的感动和美

我不睡觉

牵手阅读

　　你觉得这是一只什么样的小蝴蝶呢？或许在别人眼中，这只蝴蝶不过是一只不起眼的小蝴蝶，但它有勇气、有胆量，它不怕世界老去，也不怕一切变小，只因为那颗心，在无人看见的角落里，早已生长得无限美丽，带着自信、执着以及对明天的追求。它敢于对天下所有平等看待它的眼睛说：我是一只小蝴蝶！你不妨也展开想象来仿写一首诗。

导读

有一只小耗子，他满怀信心地出门远行，去了好多地方，还遇到了一只大熊。可是当他回家告诉耗子奶奶时，却听到了让人意外的回答。

小耗子长途旅行记

佚　名

有一天，一只小耗子外出旅行。耗子奶奶给他烤了些路上吃的饼，把他送到了洞口。

小耗子是一大早出门的，到了傍晚才回来。

"啊，奶奶！"小耗子喊了起来，"要知道，原来我是最有力量、最灵巧、最勇敢的，可在旅行前我还不知道呢。"

"你是怎么知道的呢？"奶奶问。

"是这样的，"小耗子讲了起来，"我出洞以后，走呀走呀，来到了大海边，那海可大可大啦，海面上不停地翻

着波浪！可是我并不怕，我跳到海里就游了过去，连我自己都感到惊讶，我竟然游得这么好。"

"你说的大海在哪儿？"耗子奶奶问。

"我们老鼠洞的东边呀。"小耗子回答说。

"我知道，我知道这个海。"耗子奶奶说，"前些天有一只鹿在那儿走，一跺蹄子，蹄子印里积下了水。"

"那么你再接着往下听，"小耗子说，"我在太阳底下晒干了身子，又继续向前走。我见前边有一座高山，那山可高可高啦，山顶上的树把云彩都挂住了。我想，不能绕着这座山过去。我跑了几步，纵身一跳，就从山上跳了过去。甚至连我自己都感到惊讶，我怎么会跳这么高。"

"你说的那座高山我知道，"耗子奶奶说，"那是水坑后面的小草丘，上面长着草。"

小耗子叹了口气，但接着讲了下去："我继续往前走，只见两只大熊在打架。一只白色的大熊，一只棕色的大熊。他们吼叫着，一只熊要打断另一只熊的骨头，可是我没害怕，就扑到他们中间，硬是把他俩给分开了。甚至连我自己都感到惊讶，我一只小耗子竟然对付得了两只大熊。"

"原来你说的两只大熊，一只是白蛾，一只是苍蝇。"

说到这儿，小耗子伤心地哭了起来。

"闹了半天，我不是最有力量、最灵巧、最勇敢的呀……我游过去的是蹄子印，跳过去的是小草丘，分开的是白蛾和苍蝇。只不过如此啊！"

耗子奶奶笑了起来，说："对于小耗子来说，蹄子印就是大海，小草丘就是高山，白蛾和苍蝇就是大熊。如果这些你全都不怕，那就说明在整个冻土地带你最有力量、最灵巧、最勇敢了。"

故事里的小耗子经历了"长途旅行"，以为自己很厉害了，但他所经历的大海、高山，都是自然界中微不足道的水坑与草丘，连遇到的大熊也只是两只昆虫。在生活中，像小耗子一样，认清自我并对未来充满信心是十分重要的。小朋友们，你觉得独自远行需要具备哪些素质呢？

导读

一条罗圈腿的小猎狗，它不能像其他猎狗那样，跑得又快、跳得又高，可是它却受到了许多人的尊敬，连其他猎狗也学着它走路。这条小猎狗到底经历了什么？

罗圈腿的小猎狗

曹文轩

一条小猎狗，走在大街上，它为它的罗圈腿而感到害羞。它的主人，也就是那个猎人，一共有十一条猎狗。

但猎人在清点狗数时，却总是只数到十。

小猎狗以为主人没有看到它，便连忙挤到最前面，但猎人的目光略过它，还是只数到十。

小猎狗很难过。

小猎狗发誓，它要成为这个世界上一条跑步跑得最快的猎狗。

早晨，当太阳刚刚升起时，它便开始奔跑，它的目标是：超过自己的影子。

"咚！"

它一头撞在了树上，天旋地转，眼睛里金花乱飞。

定了定神，它又继续跑起来。

那十条猎狗在一旁嚷嚷："瞧啊，瞧啊，一个傻瓜！"

跑着跑着，它不由得渐渐地高兴起来，因为，它发现自己的影子居然越来越短了。

它又发誓，它要成为这个世界上一条跳高跳得最高的猎狗。

前面是一堵大墙。它要跳过去。

"咚！"

它的脑袋撞在墙上，晕乎乎地跌倒了。

大树下，传来一片猎狗们的笑声："哈哈，好一个傻瓜！"

小猎狗摇摇晃晃地爬起来，再一次冲向那堵大墙。

这一天早晨，它一跃而起，觉得自己跳得又高又飘……

它终于越过了大墙，但却掉在了人家的养鸡场里。

炸窝一般，无数只鸡"咽咽咽"地惊叫着，拍着翅膀，鸡毛飞得满天空都是。

鸡的主人非常恼火，将小猎狗一把逮住，揪到了猎人面前："你！好好管教管教你们家的罗圈腿！"

猎人很生气，决定惩罚它。他将小猎狗带到了水潭边。潭水十分清澈。猎人望着潭底一块大石头说："你给我听好了：今天一天，你老老实实地待在潭边看着，别让那石头浮到水面上！"

猎人带着其他十条猎狗去远处捕猎了。

猎狗们叫喊着，兴奋地奔跑着。

小猎狗却只能羡慕地望着。

一整天，它就蹲在潭边呆呆地看着那块水底的石头。当然，它也会走神——事实上，小猎狗会常常走神。

现在，它在思考一个重大的问题：是天大呢，还是地大呢？

当夕阳的金光照着大地时，猎人和他的十条猎狗，大呼小叫、兴高采烈地回来了。

猎人把一块一块的肉赏给了表现都很出色的猎狗们。

小猎狗流着口水，冲着猎人"汪汪汪"地叫唤着，那意思是说：在我的看守下，石头没有漂起来！

猎人顺手也扔给它一块肉，于是，它心满意足地吃起来。

它又发誓，它要成为这个世界上一条跳远跳得最远的猎狗。

前面是一条小河。

它开始起跑……跃起，"扑通"，掉在了河里，激起了一大团水花。

河岸上，猎狗们笑成了一团："哇，我们看到了世界上的头号大傻瓜！"

小猎狗呛了几口水，不屈不挠地爬上岸来，身子猛地一抖，水珠四溅，望着对岸，然后再一次起跑……

这天，天空很蓝，很高，小猎狗退后很远，然后吸足了气，又一次起跑，一路的尘埃像烟一般在它身后翻滚。

它高高地跳起——

哇！离天空怎么这么近啊！

正巧有一群鸭子从水面游过。

它的影子吓坏了它们，"嘎嘎"惊叫，使劲扇动翅膀，四下逃窜。

它一惊，"扑通"掉在了河里。

正是鸭子们下蛋的季节，它们本来是要等到夜里将蛋下在鸭栏里的，不想受到惊吓，"扑通扑通"，全都把蛋下到了河中。

放鸭的老头非常恼火，一把揪住了正在往岸上游的小猎狗，然后将它扔在了猎人的面前："你！好好管教管教你们家的罗圈腿！"

　　"我该怎样惩罚你呢？"猎人望了一眼湿淋淋的小猎狗，转眼看到了一片葵花田，对小猎狗说："你给我听好了，看住这些葵花，不许它们跟着太阳转！"

　　猎人带着其他猎狗又出发了，猎狗们欢叫着，兴奋无比地奔跑着。

　　小猎狗垂头丧气地望着它们。

　　太阳像一只金色的轮子，所有葵花都情不自禁地跟着太阳转动着。

　　小猎狗来回跑动，向它们"汪汪汪"地叫唤着，十分严厉地警告着它们。但，它们根本不理睬它，太阳转到哪儿它们就跟着转到哪儿。

　　金色的轮子一直在向西滚动。

　　小猎狗终于没有力气再奔跑了，趴在了地上。

　　有那么一刻，它又忘记了自己要做的事情，喘息着，开始思考一个重大问题：风和雨是一对兄弟吗？

　　黄昏，猎人背着猎物、唱着歌回来了，猎狗们跑前跑后，充满收获的快乐。

小猎狗灰溜溜地低着头朝猎人走过去。它在静静地等猎人的惩罚，可是猎人压根儿没有注意到它。分肉时，它照例也得到了一块肉。它一边疑惑着，一边有滋有味地吃着。

秋天，一个金色的季节。

猎人心情很好，决定为那些因丰收而喜悦的人们进行一次狩猎表演。

他有十条猎狗呢——十条英俊漂亮的猎狗。他想让人们好好瞧瞧，他的那些猎狗都是一些什么样的猎狗！

这天，猎场上来了很多人，简直人山人海。猎人换了一套崭新的猎服，显得十分威风。

狗们也在前一天洗了澡，毛光水滑，一条条都神气十足。

可是不久，人们就看到了一个十分糟糕的情景：一条毛发发红的公狼，愣是在十条猎狗的眼皮底下，满不在乎地跑掉了！

众人见了，一起发出"嘘"声。

这太丢人了！

猎人觉得颜面扫尽，一声叹息，蹲了下去。

而就在这时，我们的小猎狗，我们的罗圈腿忽然发动了。它一下子蹿了出去，穿过狗群，直向山岗上的狼扑去。

它快得简直像一团光，人们甚至都没有看清楚它的样子。

所有人，还有猎狗们，全惊呆了！

过了好一会儿，他们才渐渐回过神来。然后，一起向小猎狗跑去的方向追去。

翻过一道山梁，又翻过一道山梁。

这时，人们远远地看到，一棵大树下，小猎狗正很安静地趴在那里。

大树下，小猎狗享受着秋天明净的阳光，正在思考着一个已经思考了无数遍的重大问题：太阳为什么每天总是从东方升起呢？

那只雄壮的公狼早已停止呼吸，一动不动地躺在已经枯黄的草丛中。

从此，猎人最喜欢的一条猎狗，就是小猎狗。他特地做了一个漂亮的皮圈，套在它的脖子上，无论去哪儿，都定要带上它。

人们见了，就会站在一旁欣赏着，然后"啧啧啧"地感叹："瞧啊，那四条罗圈腿，弯曲得多美啊！"

一条小猎狗，走在大街上，它为它的罗圈腿而感到骄傲。

在它后面，跟着那十条猎狗，它们排成一队，学着小猎狗走路的样子，也一律走成了罗圈腿。

 牵手阅读

如果遇到挫折，你会怎么做？故事中，面对自己身体上的缺陷和他人一次又一次的嘲笑，小猎狗很难过，但它同时也立下目标，发誓要做一条跑得最快、跳得最高最远的猎狗，于是，它不断练习，在挫折中坚持不懈地努力着。你是不是也觉得小猎狗真了不起？

导读

　　新凤霞是我国著名的评剧演员，被誉为"评剧皇后"。她的代表剧目有《杨三姐告状》《花为媒》《刘巧儿》。在她的《美在天真》回忆录中，收录了她对童年往事的回忆，也体现了她对真善美的追求。下面我们就看看她对自己是左撇子这件事的认识。

左撇子

新凤霞

　　我小时是个左撇子，拿东西、学戏做动作、练功拿刀枪把子，都是左手得劲，拿马鞭也是用左手，因此挨了不少打。姐姐总说："凭你这个左撇子就不能唱戏。"我最怕说我不能唱戏了，就拼命练右手，随时随地练；没有两年，我右手也能用了，拿马鞭也很灵活了；左右云手，左右手掏翎子都好。

　　我做针线活也是左手，用剪子也是左手。可这也有个好处，九岁就会绗被子，因为左右手都会，右手从这头绗过去，左手再从那头绗过来，很快就能绗完一床被子。做棉衣要铺开了绗引，我也是比别人快；从左引绗到右边，又从右引绗到左边；两只手用针一窝窝地来回倒，非常快。我矫正左手主要是为了唱戏做动作，可这么一练呀，两只手都一样能干了！两只手用针，两只手用剪子，两只手耍刀抢枪，哪边也难不住我啦！

后来下干校，在农村插秧，我双手都能插，动作很快，他们都赶不上我。

写字开始也是用左手。也是因为大伯父说："小凤，你还学写字呀，就凭你是个左撇子，也不能认字、写字。"越这么说，我就偏要练好，很快我就练好了右手写字了。为了矫正左撇子，我吃饭也练，走到哪儿练到哪儿；坐下不动，心里也想着用右手。拿针、动剪子、取东西，自己把左手指用一条布捆上，为了不让它代替右手干活。我就是要赌这口气！练不好不吃饭、不睡觉，非练好不可。

因为这个脾气，我挨打真不少。记得九岁那年，我还穿面口袋染的裤子哪，我的堂姐给我头了四尺花布，要我做条裤子穿，可谁给我做这条裤呢？母亲说："自己的裤子自己做。"我就拿自己的衣服练活，母亲脸色不好，没好气。我也愿意自己学着做，好长本事。可是我不知道一条裤有几条缝对起来，中式缅裆裤怎么裁，我也不会。我们家大姑妈是最手巧的人，我就拿着这块布去求大姑妈。大姑妈一向是寡妇脾气怪性子，高兴了说什么都行，可她气一不顺说什么也不行。她接过我这块花布连看也不看，反手向炕上一摔说："小凤呀！你太没出息了，学活儿，学活儿么，不敢动剪子能学么？自己剪去，谁伺候你呀！看你就不是块好料儿！"姑妈用手指着我数落了一大顿，我真生气，不给剪就不剪吧，还骂我。我上炕去抢过那块花布，转身就走，嘴里嘟囔着说："不给剪就不给剪吧，你要死掉我还不穿裤子了！"大姑妈听见了大声喊叫，我二伯母正好迎面过来了，大姑妈不住地骂我犟嘴。二伯母朝我来了，我一看走不了啦，我就站住了。二伯母最厉害了，上来就打我，一边抢走了我手里的花布，一边骂我："你还要穿花裤子，你也不撒泡尿照照，你配吗？"我小声说，"我不配你配。梆子头，窝窝眼，吃饭抢大碗。"二伯母前脑门长得特高，眼窝长得深，这是我们小孩背后给她起的外号。她把我骂急了，我就说出来了。这下子冲了她的肺管子，她的气可大了，可着命地打我。大姑妈也赶上来打我，一边说："小凤，回家！"她的口气是让我回家，也可能是要给我剪裤子了。我可一点不动，二伯母拉我，我也不动，二伯母转身就走。我追上她，抢回花布，还在原地站着不动。大姑妈说："小凤！你罩吧！"她们两个人一起打我，大姑妈手上戴着做针线的顶针，打到我身上头上，可疼了，打上就青一块。她们两个打我，我一动不动，两只脚平站着；她们打歪了我身子，我还是平站着，不流眼泪，也不出声。我大姑妈、二伯母都是一双小脚，她们两个打累了，都走了，我还站在那里一动不动。直到姐姐来了，叫我回去吊嗓子，我才老老实实地跟姐姐回去了，一句也没说。

这条裤子怎么办呢？非自己做上不可！我回到屋里，母亲抱着孩子串门去了，父亲也不在。那时穷孩子就穿一条裤子，也不穿裤衩，柜门让母亲锁上了，就我身上穿的一条裤。我脱下裤来坐在炕上，用床单围在身上，自己照着剪裤子，左比右比，用剪子裁了；不愿让人看见，费了好多天工夫，自己做上了；结果缅裆裤让我给做成一顺边了，穿上很不舒服。我也穿上，反正我是不再求人了。裤子立裆缝都向左顺，姑妈看见又笑又骂："小凤这小左撇子，做条裤子，也是左立裆一顺边。"我说："我自己愿意穿什么样就什么样！"后来我硬是自己又做了一条很合规格的蓝布裤子，是我自己挣钱买的布，自己剪裁自己做的。二伯母、大姑妈、我母亲都说我做得不错。

十岁做彩鞋，上底子很难，问谁谁都不愿意告诉我，我就自己上底子。人家上底子，都是先对好了后跟和鞋尖。可我不懂，先把当中找齐了，再上周围。二伯母笑话我，骂我小拧种。我说："都不告诉，我也穿上了。"现在回想那时候的大人，怎么那么缺德？可是就因为我两只手都能做活，所以我上的底子很正。

我的脑子好，二伯母骂我的话都记着，二伯父说的话我也忘不了："小凤，你没有大出息。就冲你是左撇子，你就认不了字，写不了字。"姐姐和二伯母说，"小凤，就冲你是左撇子，你就唱不了戏，练不了功。"

可我呢，就冲你们这么说我，我就非得练好功，唱好戏，认上字，写上字。我下了狠心，不改正左撇子，不练好右手，不见人！直到现在我得了重病，头脑还这么清楚，大概也是左右脑都发达的原因。多少年来，我练功、干活、做事、劳动都是左右手一起来。从那以后，邻居们说："杨家的大姑娘干活左右开弓。"给我起了个外号，叫"麻利快"。

我的小女儿双双也是左撇子，是我的遗传。她上小学时，老师把她的左手写字硬扳过来了。可是她除了写字，干别的都是左手，连画画都是左手。女儿脾气犟也随我，我觉得女孩儿有点拧脾气也好。

 **牟手阅读**

　　新凤霞是一位从黑暗的旧社会走来的艺术家，她的这篇文章充满了传奇特色。但是你知道吗？她曾是大字不识的女演员，人到中年才励志学写字，成为一位写下几百万字的高产作家。她的一生十分传奇和励志，你有没有受到什么启发？

导读

"我"是爸爸妈妈的孩子，是老师的学生。每个人都有自己的名字、身份、生活，那你有没有想过"为什么我就是我"这个问题呢？

为什么我就是我

林亚娜

　　我有时想：我为什么生为人类？为什么我的名字叫林亚娜？为什么我是林语堂的女儿？

　　我又觉得奇怪：为什么我不是狗？或是一只猫？或是一头大象呢？倘若我是一头象，我又应该怎样呢？那时候，我将在树林中过日子呢，还是被关在中央公园的动物园里呢？倘使我生为一匹马的话，我的环境又将是怎样呢？

　　这些想法，常在我心里盘旋，但谁也不能替我解答这些问题。倘若我是一株树，人们要砍下我的枝条，我又将怎么办？我喜欢被人们砍下来吗？倘若我生而为一头海洋中的大鲸鱼，人们把我捉住了，我又将怎样？同时，做鲸鱼的景况，又不知道是怎样？

现在，我是生活在中国人的家里，我为什么不生为一个法国人、德国人、英国人，或是美国人呢？我为什么又不是一个哥伦布时代的野蛮人呢？

谁使我成为一个女孩子呢？我不喜欢做女孩子，我高兴做个男孩子。谁决定我做女孩子呢？他知道我不喜欢做男孩吗？还有，谁又敢说我是应该生于一九二六年四月一日呢？

谁又敢说我应该生有十只手指、两只眼睛、一张嘴呢？像上面这些事情，没有哪个能够证明那样是不错的。现在，我已成了我，但为什么我就是我呀？

牵手阅读

为什么我就是我？你思考过这个问题吗？世界上没有两片完全相同的树叶，同样这个世界上也没有两个完全一样的人，每个人都是独一无二的自己。那怎么样才能正确地认识自己呢？如果你也像作者一样，把自己假设成动物、植物，或者其他人，也许你对世界的看法就不同了。

我的梦想

史铁生

也许是因为人缺了什么就更喜欢什么吧，我的两条腿一动不能动，却是个体育迷。我不光喜欢看足球、篮球以及各种球类比赛，也喜欢看田径、游泳、拳击、滑冰、滑雪、自行车和汽车比赛，总之我是个全能体育迷。当然都是从电视里看，体育馆场门前都有很高的台阶，我上不去。如果这一天电视里有精彩的体育节目，好了，我早晨一睁眼就觉得像过节一般，一天当中无论干什么心里都想着它，一分一秒都过得愉快。有时我也怕很多重大比赛集中在一天或几天（譬如刚刚闭幕的奥运会），那样我会把其他要

认识自己

069

紧的事都耽误掉。

其实我是第二喜欢足球，第三喜欢文学，第一喜欢田径。我能说出所有田径项目的世界纪录是多少，是由谁保持的，保持的时间长还是短。譬如说男子跳远纪录是由比蒙保持的，二十年了还没有人能破；不过这事不大公平，比蒙是在地处高原的墨西哥城跳出这八米九〇的，而刘易斯在平原跳出的八米七二事实上比前者还要伟大，但却不能算世界纪录。这些纪录是我顺便记住的，田径运动的魅力不在于纪录，但人的力量、意志和优美却能从那奔跑与跳跃中得以充分展现，这才是它的魅力所在。它比任何舞蹈都好看，任何舞蹈跟它比起来都显得矫揉造作甚至故弄玄虚。也许是我见过的舞蹈太少了。而你看刘易斯或者摩西跑起来，你会觉得他们是从人的原始中跑来，跑向无休止的人的未来，全身如风似水般滚动的肌肤就是最自然的舞蹈和最自由的歌。

我最喜欢并且羡慕的人就是刘易斯。他身高一米八八，肩宽腿长，像一头黑色的猎豹，随便一跑就是十秒以内，随便一跳就在八米开外，而且在最重要的比赛中他的动作也是那么舒展、轻捷、富于韵律，绝不像流行歌星们的唱歌，唱到最后总让人怀疑这到底是要干什么。不怕读者诸君笑话，我常暗自祈祷上苍，假若人真能有来世，我不要求别的，只要求有刘易斯那样一副身体就好。我还设想，那时的人又会普遍比现在高了，因此我至少要有一米九以上的身材，那时的百米速度也会普遍比现在快，所以我不能只跑九秒九几。做小说的人多是白日梦患者。好在这白日梦并不令我沮丧，我是因为现实的这个史铁生太令人沮丧，才想出这法子来给他宽慰与向往。我对刘易斯的喜爱和崇拜与日俱增。相信他是世界上最幸福的人。我想若是有什么办法能使我变成他，我肯定不惜一切代价，如果我来世能有那样一个健美的躯体，今生这一身残病的折磨也就得了足够的报偿。

奥运会上，约翰逊战胜刘易斯的那个中午我难过极了，心里别别扭扭别别扭扭的一直到晚上，夜里也没睡好觉。眼前老翻腾着中午的场面：所有的人都在向约翰逊欢呼，所有的旗帜与鲜花都向约翰逊挥舞，浪潮般的记者们簇拥着约翰逊走出比赛场，而刘易斯被冷落在一旁。刘易斯当时那茫然若失的目光就像个可怜的孩子，让我一阵阵的心疼。一连几天我都闷闷不乐，总想着刘易斯此刻会怎样痛苦，不愿意再看电视里重播那个中午的比赛，不愿意听别人谈论这件事，甚至替刘易斯嫉妒着约翰逊，在心里找很多理由向自己说明还是刘易斯最棒，自然这全无济于事，我竟似比刘易斯还败得惨，还迷失得深重。这岂不是怪事么？在外人看来这岂不是精神病么？我慢慢去想其中的原因。是因为一个美的偶像被打破了么？如果仅仅是这样，我完全可以惋惜一阵再去竖立起约翰逊嘛，约翰逊的雄姿并不比刘易斯逊色。是因为我这人太恋旧，骨子里太保守吗？可是我非常明白，后来者居上是最应该庆祝的事。或者是刘易斯没跑好让我遗憾？可是九秒九二是他最好的成绩。到底为什么呢？最后我知道了：我看见了所谓"最幸福的人"的不幸，刘易斯那茫然的目光使我的"最幸福"的定义动摇了继而粉碎了。命运从来不对任何人施舍"最幸福"这三个字，它在所有人的欲望前面设下永恒的距离，公平地给每一个人以局限。如果不能在超越自我局限的无尽路途上去理解幸福，那么史铁生的不能跑与刘易斯的不能跑得更快就完全等同，都是沮丧与痛苦的根源。假若刘易斯不能懂得这些事，我相信，在前述那个中午，他一定是世界上最不幸的人。

在百米决赛后的第二天，刘易斯在跳远决赛中跳出了八米七二，他是个好样的。看来他懂。他知道奥林匹斯山上的神火为何而燃烧，那不是为了一个人把另一个人战败，而是为了有机会向诸神炫耀人类的不屈，命定的局限尽可永在，不屈的挑战却不可须臾或缺。我不敢说刘易斯就是这样，但我希望刘易斯是这样，我一往情深地喜爱并崇拜这样一个刘易斯。

这样，我的白日梦就需要重新设计一番了。至少我不再愿意用我领悟到的这一切，仅仅去换一个健美的躯体，去换一米九以上的身高和九秒七九乃至九秒六九的速度，原因很简单，我不想在来世的某一个中午成为最不幸的人，即使人可以跑出九秒五九，也仍然意味着局限。

我希望既有一个健美的躯体又有一个了悟了人生意义的灵魂，我希望二者兼得。但是，前者可以祈望上帝的恩赐，后者却必须在千难万苦中靠自己去获取——我的白日梦到底该怎样设计呢？千万不要说，倘若二者不可兼得你要哪一个？不要这样说，因为人活着必要有一个最美的梦想。

后来得知，约翰逊跑出了九秒七九是因为服用了兴奋剂。对此我们该说什么呢？

我在报纸上见了这样一个消息，他的牙买加故乡的人们说："约翰逊什么时候愿意回来，我们都会欢迎他，不

管他做错了什么事，他都是牙买加的儿子。"这几句话让我感动至深。难道我们不该对灵魂有了残疾的人，比对肢体有了残疾的人，给予更多的同情和爱吗？

牵手阅读

梦想不是只存在于躯体上的健全，更是在于强大的心灵。伟大的刘易斯也会被击败，作者"最幸福"的感悟受到了打击，此时此刻，他才是真正拥有了自己的梦想——一颗感悟了人生意义的心灵。你的梦想是什么？读了本文，你对自己的梦想有哪些新的认识？

思考的力量

导读

爱因斯坦曾经说过："学习知识要善于思考，思考，再思考。我就是靠这个方法成为科学家的。"下面这个故事，就是有关动脑思考的，一起来看看吧。

不动脑筋的故事

张天翼

有一天开故事晚会，赵家林讲了一个怪没意思的故事。故事是这样开头的："有那么一个人，上课不用心听讲，做起功课来，自己懒得动脑筋，净想依赖别人。"孩子们哄地笑起来。

"可不兴讽刺人！"有一个圆头圆脑的胖孩子满脸通红地大声说："你说的是谁？他叫什么名字？"赵家林愣了一会儿，才答上来："他姓赵，叫作——赵大化。行了吧？"有几个孩子又笑着叽里咕噜了一阵。那个胖孩子可还红着脸，噘着个嘴。

赵家林等大家渐渐地静了下来，就又往下说。

他说那个赵大化别的方面都还不坏，也肯替人服务，也有他的理想——想要将来做一个有用的人。可就是有这么个毛病：最怕伤脑筋。同学们帮助他做算术，跟他讲解了老半天，他只瞪着眼睛瞧着你。同学们问："懂了吧？这道题你自己想想看。"自己想？那还行？又得伤脑筋！

写起作文来，同学们都快要交卷了，赵大化可还在舔笔头，对着题目发愣："'我的家庭'——这个题目怎么做呀？'我的家庭'……"老师提醒他："这应当每个人都会做。你家里有些什么人？怎么样生活？过去的生活怎样，现在又怎样？这些你想一想。"

瞧，又是让人"想一想"！真是！

赵大化老是怪别人对他帮助不够。他说要帮助，就是什么事都得替他想好、做好。他自己可从来不动脑筋。

这么着，越不动脑筋，脑筋就越不听使唤了，像生了锈开不动的机器一样。这么着，赵大化就越来越迷糊了，迷糊到每天上学都要别人提醒他。"什么！就那么迷糊！"那个圆头圆脑的胖孩子又插嘴，"他几岁了？"

"他几岁？连他自己也闹不清，"赵家林回答，"得问他妹妹。"真的，赵大化记不得自己的年龄，妈妈说是跟他说过，说他到了九月一日就满十四岁，可是这太复杂了，他不能伤这个脑筋。他叫妹妹："妹妹，你是个好孩子，你给我记住吧。""不动脑筋"成了赵大化的外号。

有一个星期六晚上，妹妹在家里和她几个同学做化学游戏，什么游戏？当然是伤脑筋的玩意儿，赵大化连听都不爱听。可是忽然——趁他不提防的时候——有半句话没头没尾地飘到了他耳朵里："只要半厘米就够了……得称一称……""得称一称？"赵大化就决心要替他人服务一下，跑了出去，"我去拿！"

好一会儿他才回来，听见他脚步踏得很重，走得挺吃力似的。进门直喘气，满脑袋的汗。大家吃了一惊。一看，赵大化扛来了一杆称煤的大秤。

妹妹嚷了起来——妹妹就有这么个缺点，净爱嚷。"瞧你！你也不想想这杆秤是干什么用的！""我才不伤这个脑筋呢，"赵大化嘟囔着，"反正我将来不当化学家，我将来——我搞渔业，哦，我就爱钓鱼。明天上午我就去钓。呃，妹妹，你是个好孩子，你给我记着点儿。"

说了就打个呵欠，没精打采地去睡觉了。

他先铺好被窝，慢慢地脱衣服，又叨咕了几句，这才爬上床。刚一躺下——"哎哟，疼！"

"什么，什么？哪儿疼？"大家着了慌。

"脊背疼，哎哟，可疼得厉害呢！"他胳膊一撑，坐了起来。觉得好了些。可是一躺下，就又发作，疼得他赶紧翻过身来趴着睡。一趴，又叫："哎哟，肚子疼！"

他连忙翻转身，左侧面躺着，这回可是腰部左边疼起来了。翻到右侧面躺着试试看呢？哎哟，不行，右腰疼！仰天，又还是脊背疼！

"快请医生！快请医生！"赵大化一面气急败坏地叫，一面爬下床来。他疼得不敢再躺下了，说："这可是一个奇症！"

医生来了，仔细问了问情形。现在可哪里也不疼了。检查了体温和脉搏，听了心脏和肺，也看不出有什么毛病。

医生说："没有什么，好好睡去吧。"

去睡，可又是仰着脊背疼，趴着肚子疼，侧着腰疼。一起来，就好了。

"这简直是童话里发生的事，"医生摇摇头，"你床上有点儿什么蹊跷吧，哎？"

这赵大化可没研究过，他就怕伤这个脑筋。

可是妹妹马上跑去检查他的床铺。她把被窝一掀，就发现有一个乌黑的东西——大概有篮球球胆那么大——安然自在地盘踞在褥子上。大家都吓了一跳："哟！这是什么？"一看，是一个秤砣。

赵大化安安静静睡了一夜，早上醒来，也不知道是几点钟了，只听见妹妹和同院的孩子们在那里做广播操。赵大化就发了愣。

"那么我呢？我该做些什么呢？妹妹，妹妹！"他叫，"妹妹，你是个好孩子，你告诉我，我今天有什么计划没有？"

"你不是说要去钓鱼吗？"

对，对！赵大化一翻身就爬起来，把衣服往身上一披，就赶紧穿上了长裤，下床来。他刚想要走去洗脸，忽然叭地摔了一跤。

他的两只脚似乎不是他自己的了，好容易才爬起来，刚一迈步，脚还没迈开呢，又叭的一跤。

"哎呀，可不好了！你们快来！"他一面用手扶着床沿撑起身来，一面叫，"我净摔跤！"

他坐下喘了一会儿气，现在倒也不觉着怎样。他试着站起来，也没有什么，可是脚不能动，只要稍动一动，整个身子就像旋得没了劲儿的陀螺似的，那么晃几晃，就又往地下一趴。

"快请医生！这回可真是个奇症！简直不让我迈

腿！"妈妈赶紧从隔壁屋里说着走了过来："看看腿，怎么回事？"

看腿，赵大化可伤心透了。他这才发现：他少了一条腿！"啊呀没了！"赵大化哭了起来，"右腿没了！""怎么右腿没了？"妹妹也着了急。"这个问题我可没想过，谁知道它跑哪儿去了？妹妹，你是个好孩子，还是你给我想一想吧。"

妹妹把他的腿一检查，就嚷："瞧你！你裤子是怎么穿的呀？"

原来赵大化的两条腿——左腿也好，右腿也好，全都给塞在一条裤腿儿里了，连右腿也躲在左裤腿儿里了。

半小时以后，赵大化去钓鱼，带着一根钓竿和一只桶，高高兴兴走到了一个池子边。他把钓竿往地下一搁，先提着桶下去打水——预备盛鱼。他满满地舀了一桶水，提上岸来往地面上一放，那么一弯腰，就惊异得了不得，忍不住叫了起来："咦，一根钓竿！"

仔细看了看：这一根钓竿还挺不错的呢。

"是谁丢下的？"赵大化四面瞧瞧，"谁的？谁的？"

没人答应。赵大化把钓竿举起来扬了几下，又大声问了几声，还是没有人答应。他可有点儿不满意了："是谁那么粗心大意，落下东西都不知道！"转过身去再向那一边问问看吧……

他刚转过身去把腿一迈，就绊着那个水桶，一栽，连人带桶滚到了地下。

他爬起来一瞧，可生气得了不得："是哪个糊涂蛋！把一桶水搁在这儿！"

瞧！害得他衣服裤子都水淋淋的，还沾上了满身的泥！

"我将来一定去做公共卫生工作，"赵大化一面嘟囔，一面甩着两只空手回家去，"谁也不许把人家身上弄脏，把人家衣服沾上水，那也不行，那可太不卫生。"

他的家在路北。平常从西口拐进胡同，走个一百来步，靠左边一扇门就是他的家——准没错。今天他可是打东口进的胡同。他照旧往前走上一百来步，去敲左边一扇门，敲得很急。"妹妹快开门，快！妹妹！"

这家路南的人家住着一位老奶奶，头发全白了。这时候她正跟她的一个小孙女讲故事呢，听见大门响，"谁呀？"就走去开了门。

赵大化抬头一看，不觉倒退了一步。

"哎呀妹妹！怎么！……"他吃惊得说不出话来，"我出去了才多大一会儿呀，你就长得这么老了？"

他的家正好在斜对面。他妹妹在院子里洗书包，仿佛听到赵大化的嚷声，她赶紧就跑出来，看是怎么回事。她瞧见赵大化正指手画脚地跟那位老奶奶交涉，他硬要进那家屋子里去换衣裳。

妹妹忍不住地嚷了起来："瞧你这迷糊劲儿！连自己的家都认不得了！"

赵大化住了嘴，转过脸来瞧瞧他妹妹，搔了搔头皮："这是哪家的小姑娘？可真奇怪！我跟我妹妹说话，干你什么事呀？你那么嚷！"

赵家林讲故事就讲到这里为止，那个圆头圆脑的胖孩子提出他的意见来："越讲越不像话了，真没意思！"

"那有什么办法！"赵家林说，"一个人脑筋动得越少，不像话的事儿就越多。"

"我可不信！"那个胖孩子把头一掉，"人哪能变成那样儿！这不过是个童话。"

他知道大家都在笑着看他。他红着脸，谁也不瞧，低下头去专心削起铅笔来，其实笔头还是尖尖的。等到散了会，他一把拽住小队长，轻轻地问："你说，你说，人真能变成赵大化那样吗？"

牵手阅读

　　赵大化是一个极不爱动脑筋的人，虽然他品行不坏，肯为别人服务，也有理想，立志做一个有用的人，但是这些都掩盖不了他不动脑筋的可笑又可悲的事实。本文运用大量语言描写和夸张的写作手法，将读者带入生活实景中，使荒诞可笑的故事跃然纸上。赵大化是一个招人讨厌的人吗？如果你是"妹妹"，你会怎么做？

导读

　　扫帚的前身，也是欣欣向荣的树木，曾经有着枝繁叶茂的样子。然而当它变成了扫帚，也不过是"一棵头朝下的树木"而已，被丢在灰尘中。这一切，究竟是因为什么？

关于一把扫帚的沉思

〔英〕斯威夫特

　　君不见，眼前这根孤零零、灰溜溜、羞怯怯歪在壁角里的扫帚，往年在森林里它也曾有过汁液饱满、枝叶繁茂、欣欣向荣的日子。然而，如今呵，它生机早已枯萎，人类偏偏多事，拿一把枯枝绑在它那赤条条的躯干之上，妄想以人工与造化相改造，而又终归徒然。它现在的模样恰好跟过去翻了一个个儿，枝条委之于地，根梢朝向天空，成为一株上下颠倒的树，掌握在某个做苦工的贱丫头手里，受着命运的任意拨弄，注定了要把别的东西清扫干净，而自己只落得一身腌臜晦气，而在为女仆效劳、磨损得四肢不全之后，到头来或被随手抛出门外，或则最后再派它一个用场——当作引火之物一烧了之。有鉴于此，敝人不禁喟然自叹："人生在世，岂不和这把扫帚一模一样吗？"造化将人送到世上来的时候，他身强力壮，精神奋发，头上毛发蓬松，恰似一棵有理性的树木枝叶扶疏一般；不料，贪欲失度犹如一柄巨斧，将其青枝绿叶戕伐殆尽，空留下光秃秃枯干一条；此时，他只好乞灵于人工，戴上头套，借助于虽则撒满香粉、却非自家头皮长出的一副假发来撑一撑门面。然而，我们眼前这把扫帚，倘若仗恃这些并非自身所生、实系夺自他人的桦树枝条，曾在某位勋贵佳丽的闺房中扫出一堆又一堆垃圾，弄得尘土满身，因而扬扬得意，妄图在人前冒充角色，对于它这种妄自尊大，我们该会怎样嘲笑和鄙夷！然则，在判断自己的长处和别人的短处时，我们又是多么偏执的法官呵！

　　阁下也许会说：一把扫帚所代表的不过是区区一棵头朝下的树木而已。但是，请问：如果一个人的动物本能总是凌驾在他的理性本能之上，如果他总是摧眉折腰，把脑袋放在脚后跟才该放的地方，那么，他不是一种上下颠倒的动物又是什么？然而，尽管他自身毛病百出，他还要做出改革社会、匡正时弊、消除不平的样子，世间一切腌臜角落都要去亲自探查一番，把隐藏着的败德秽行扫到光天化日之下，结果本来清清净净的地方，也被他搅得甚嚣尘上，虽然他自以为是在澄清乾坤，其实他自己早在不知不觉之中深受尘垢污染了。到了晚年，他又为那些往往不值一提的妇人做牛做马，以此卒岁，直到手脚残废。然后，就像那些长把扫帚一样，不是被一脚踢出门外，就是被用来点火，好让他人取暖。

（佚名 译）

 **牵手阅读**

沉思，思的是为何扫帚会有这样的命运，为何人会如同扫帚一般？因为权势，因为摧眉折腰，因为不能正确面对自己的位置，当自己的动物本能凌驾于理性之外，人的悲哀也就从此注定。这篇文章提醒我们，要始终保持理智和率真。仔细阅读文章，你还能收获哪些人生道理？

导读

有一个圆缺了一角，它一边唱着歌一边寻找那失落的一角。它漂洋过海，历经风吹雨打，终于找到了与自己最合适的那一角，可是为什么，它又把这一角放下了呢？

失落的一角

［美］谢尔·希尔弗斯坦

有一个圆，

它缺了一角，

它不快乐。

所以，它动身去找

它那失落的一角。

它一边滚动

一边唱着歌：

"噢，我在找我那失落的一角

我在找我那失落的一角

嗨——哟——哟，我要去，

寻找我那失落的一角。"

有时在太阳底下曝晒，

但接着又淋了场冰凉的雨。

有时被冰雪冻僵了，

但接着太阳出来了，身子又暖和过来。

因为缺了一角，

它滚不了太快。

所以，它会停下来

和虫儿说说话，

或者闻闻花香。

有时它会超过一只甲虫，

有时甲虫又超过了它，

这是它最美好的时光。

就这样不停地滚着，

漂洋过海

"噢，我在找我那失落的一角

跨过高山，越过海洋

历经千辛万苦

我在找我那失落的一角。"

穿过沼泽与丛林

上山

下山

直到有一天，啊，它终于找到了！

"我找到了我那失落的一角，"它唱道，

"我找到了我那失落的一角

历经千辛万苦

我找到了我那……"

"等一等，"那一角说道，

"你先别唱什么

历经千辛万苦……"

"我不是你失落的一角。

我不是任何人的一角。

我就是我。

就算我是

别人失落的一角，

那也不会是你的！"

"噢，"它沮丧地说道，

"打扰你了，真对不起。"

它继续滚动。

它又发现一角，

但这一角太小了。

这一角又太大，

这一角又尖了点儿，

而这一角又太方了。

有一回，它似乎

找到了

非常合适的一角

但是，它没有握紧，

掉了。

另一回，它又握得太紧，

弄碎了。

就这样一直一直滚动着，

险象环生，

掉进坑洞，

撞到石墙。

后来有一天，

它又偶然碰到一角，

看上去

非常合适。

"你好。"它说。

"你好。"那一角回应。

"你是别人失落的一角吗？"

"我不知道。"

"啊，或许你想成为你自己的一角？"

"我可以是某个人的，同时我又是我自己的。"

"啊，或许你不想成为我的一角。"

"那倒未必。"

"或许我们不合适……"

"那……"

"嗯——？"

"嗯——！"

合适！

非常合适！

终于找到了！终于找到了！

它又开始滚动

因为它现在

完整了，

它滚得越来越快

越来越快。

它从来

都没有这么快过！

快得不能停下来

和虫儿说说话，

或者闻闻花香

快得蝴蝶不能落在它身上歇脚。

但是，它可以唱它的快乐歌了，

它终于可以唱

"我找到了我那失落的一角。"

它开始唱——

"我找——我那失——角——

我——我——落——

历——千——

找——

我……"

天啊！现在

它完整了

可是它却连歌都唱不了了。

"啊！"它想道，

"原来是这样！"

于是，它停下来……

把那一角轻轻地放下，

慢慢地往前滚动。

它一边滚动，一边清亮地唱着——

"噢，我在找我那失落的一角

我在找我那失落的一角

嗨——哟——哟，我要去

寻找我那失落的一角。"

（佚名 译）

 牵手阅读

作者谢尔·希尔弗斯坦是美国著名的诗人、插画家、剧作家、作曲家，也是二十世纪最伟大的绘本作家之一。这篇《失落的一角》是他的代表作。我们阅读的时候需要思考一下："失落的一角"代表着什么呢？是不是我们人生的缺憾与不圆满呢？圆

在最后发现自己不能再欢快地唱歌了，它放下了那一角，是因为它懂得了缺憾有时胜过完美，人生要看到自己的价值。你可以是别人的一角，但你也是你自己。你有没有"失落的一角"呢？

我的雀跃与欢喜

导读

　　雨后，天空碧蓝如洗，树叶愈发翠嫩，到处是生机勃勃的景象，广场上的孩子们也在嬉戏，有一对兄妹，也在展现着自己的天性……

雨　后

冰　心

嫩绿的树梢闪着金光，

广场上成了一片海洋！

水里一群赤脚的孩子，

快乐得好像神仙一样。

小哥哥使劲地踩着水，

把水花儿溅起多高。

他喊："妹，小心，滑！"

说着自己就滑了一跤！

他拍拍水淋淋的泥裤子，

嘴里说："糟糕——糟糕！"

而他通红欢喜的脸上，

却发射出兴奋和骄傲。

小妹妹撅着两条短粗的小辫，

紧紧跟在这泥裤子后面，

她咬着唇儿，

提着裙儿，

轻轻地小心地跑，

心里却希望自己

也摔这么痛快的一跤！

牵手阅读

　　这是一首描写儿童举止和心态的小诗，诗中的孩子们无忧无虑、无拘无束，尽情地玩水嬉戏，全诗洋溢着儿童嬉耍玩闹的欢乐快活之情。诗歌对孩童情态的描绘细致入微，相比于哥哥踩水摔跤的兴奋和骄傲，妹妹显得小心翼翼却又充满渴望，两种感受相对比，使得诗歌内容更加充实、饱满，给人一种摇曳多姿、富于变化的感受。冰心曾经表达过，她希望在儿童文学中描写出"健康活泼的儿童""快乐光明的新事物"和"光辉灿烂的远景"。这首小诗便是生动的代表。

导读

一个人在独处的时候，才能安静地面对自己的内心。一个人的时候，闭上眼睛，会想些什么呢？

就我一个人的时候

〔美〕爱·格林菲尔

就我一个人的时候，

闭起眼睛，

我真快活。

我是双胞胎，

我是小酒窝儿，

我是玩具仓库，

我是动人的歌儿，

我是吱吱叫的松鼠，

我是一面铜锣，

我是棕色的面包皮，

小帆的梦想

我是树枝变成了红色，

······

反正，

我想是什么，就是什么，

我愿做什么，就能做什么。

可是，

一睁开眼睛，

唉！

我还是我。

（王济民 译）

牵手阅读

这是一首平实朴素的小诗，洋溢着浓郁的生活气息，一个顽皮可爱、热爱幻想的儿童形象跃然纸上。你一个人的时候喜欢做什么呢？

导读 ···

　　当父母都不在家时，我们姐妹俩意外地收获了一块钱。那么这一块钱将会何去何从呢？

一块钱

桂文亚

　　爸爸出差，妈妈进城，只有我和妹妹在家。我们已经把可以玩的游戏轮流玩了两遍，把可以吃的东西也通通吃了个遍，开始觉得无聊起来。

　　"把保安找来玩追追追。"我说。

　　保安正在赶鸡，看样子也很无聊。它把所有的鸡从这头赶到那头，耸起肩假装凶巴巴地汪汪叫着，害得所有的芦花鸡、来亨鸡都把脖子伸得直直的，拼命支着脚丫子向前乱跑。一地的黄土被刨松了，棕色、白色、黑色的羽毛飞得到处都是。

"保安，来！"妹妹甩着两根小辫子跑到院子里。保安立刻遵命，围着妹妹兜圈子。

我把客厅纱门和走道纱门打开，用椅子顶住，这栋四方形的房子就"通"了。我和妹妹从客厅开始跑，穿过饭厅，往后院跑，绕过后院，再往客厅跑。

我们一面跑，一面"保安、保安"地乱嚷。保安追过来了，等它追过来，我就掉过头和妹妹各跑各的，一面跑，还继续一面"保安、保安"地嚷。保安不知道要追谁，只好一下东跑跑，一下西跑跑，跑得乱七八糟的。

妹妹尖叫，我高喊，保安的狗爪子在客厅的磨石子地上急刹车，发出刺耳的声音，所有的鸡都以为世界末日到了，又开始拍着翅膀没头没脑地瞎跑。

我们跑累了，就贴在木瓜树后面，等保安追过来，就拿起落在地上的木瓜叶去扫它的脸。保安吓了好大一跳，往后退三步，我和妹妹又继续往客厅跑。这回，我们跑进卧室，钻进衣橱里。

保安进了客厅，用怀疑的眼光扫进卧室。我和妹妹赶紧把衣橱门关紧，不让它的尖鼻子闻着"人味儿"。

衣橱里挂着爸爸妈妈的衣服，浓浓的樟脑味儿让妹妹打了一个喷嚏。我赶紧抱着妹妹，捂着她的嘴。糟糕，保安听见了，它静悄悄地进了卧室，鼻尖就着衣橱门缝嗅来嗅去。

我和妹妹紧张兮兮地直往衣橱里缩，我的脸挨着了妈妈的旗袍，像小船划过流水一般。

过了一会儿，保安听不见动静，跑出去了。

又过了一会儿，妹妹才放心地开口："姐姐，爸爸的大衣缝底好像有钱。"

妹妹拉着我的手伸进了口袋里，口袋破了一个洞，我沿着破洞往下摸。哦，我知道了，那是爸爸的黑色呢绒大衣。每年冬天，爸爸都穿着这件厚大衣出门。这件大衣好长好长呀，我像钻进了一个黑黑的烟囱隧道，里面什么也看不见。

"再往下面一点儿。"妹妹拉住我另外一只手去摸大衣外的边缘。嗯，一个硬硬、圆圆的东西。我立刻兴奋地打了一个喷嚏，"哗"地一下，把衣橱门拉开，把爸爸的呢大衣从衣架上拽下来。

"把客厅和走道纱门关上，我们要好好检查衣橱里每件衣服的口袋！"我像一个海军上将，威严地向妹妹发出紧急侦缉令。

我趴在地板上，兴奋地用左手按住那个神秘物体的位置，右手伸进口袋的破洞里，毛毛虫一样往下移动。哈，捏着了，我用手指去感觉，嗯，千真万确，是一个铜板。可惜我不像二舅父那么神，他打麻将的时候，只要把摸来的牌用大拇指和食指那么用力一掐，半眯起眼睛，翘起八字胡，就会准确地说出是"红中"还是"发财"。

"一块钱！"我把掏出来的铜板好好检查了一遍，正式宣布。

"猜对了！"妹妹得意地蹦着。

我们像两个兴奋的麦肯纳淘金者，掏遍了衣橱里爸爸妈妈每一件衣服的口袋，真希望再多滚出几个铜板来。

爸爸总说："小孩子有吃有穿的，要什么零用钱呀？"爸爸哪里知道，我们多想拥有自己的零用钱——小卖铺里红红绿绿的蜜饯可馋人了。

我们摸出了一块钱。

一块钱，可以买两个菠萝包；一块钱，可以买两个"开口笑"；一块钱，可以买两串糖李子；可以买两片"白雪公主"；五根枝仔冰；十粒红橄榄；二十粒糖球球……

一块钱到底买什么才好呢？

有了！我拍着手对妹妹说："你想不想喝又冰又凉的酸梅汤？"

妹妹的黑眼睛眨了又眨："想呀，姐姐，我想喝上一杯又一杯的又冰又凉、又酸又甜的酸梅汤，直喝到肚子胀成一面大皮鼓。"

好！我继续像一个海军上将一样高声宣布："我们现在去冰店买五毛钱冰块，再去小店买五毛钱酸梅，我们来制作全世界最好吃的桂花酸梅汤！"

然后我们制作了整整一个下午的桂花酸梅汤。

那是一个风轻轻吹着的下午，我和妹妹蹲在木瓜树下把买来的冰块洗干净，搁在妈妈煮汤的大锅里，用一柄小铁锤用力地捶呀捶……大冰块裂了，生出成百上千块晶莹剔透的小冰块。我们把酸梅泡在甜极了的糖水里，加进两勺小冰块，摇一摇，撒下几朵刚摘下的桂花，再用小汤匙搅呀搅个不停。就这样，你一杯，我一杯，喝呀喝个不停……

保安最傻了，它不喜欢又冰又凉的酸梅汤。它又开始无聊。它在追鸡……

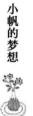

小帆的梦想

牵手阅读

在这样一个炎热的夏天，一杯冰冰爽爽的酸梅汤承载着小孩子无与伦比的幸福。快乐并不是金钱所能够带来的，即使是一块钱，也能让人感受到身心的满足。你会用一块钱做什么快乐的事情呢？

每个人都有自己喜欢的事物。你会去记录自己的所爱吗？作者张晓风用她独到细腻的眼光帮我们捡拾了许多琐碎的美好，让我们一起来看看吧。

我喜欢

张晓风

我喜欢冬天的阳光，在迷茫的晨雾中展开。我喜欢那份宁静淡远，我喜欢那没有喧哗的光和热。

我喜欢在春风中踏过窄窄的山径，草莓像个精致的红灯笼，一路殷勤地张结着。我喜欢抬头看树梢尖尖的小芽儿，极嫩的黄绿色里透着一派天真的粉红。

我喜欢夏日的永昼，我喜欢在多风的黄昏独坐在傍山的阳台上。小山谷里稻浪推涌，美好的稻香翻腾着。慢慢地，绚丽的云霞被浣净了，柔和的晚星一一就位。

我喜欢看秋风里满山的芒。在山坡上，在水边上，白得那样凄凉，美而孤独。

我也喜欢梦，喜欢梦里奇异的享受。我总是梦见自己能飞，能跃过山丘和小河。我梦见棕色的骏马，发亮的鬃毛在风中飞扬。我梦见荷花海，完全没有边际，远远在炫耀着模糊的香红。最难忘记那次梦见在一座紫色的山峦前看日出——它原来必定不是紫色的，只是翠岚映着初升的红日，遂在梦中幻出那样奇特的山景。在现实生活里，我同样喜欢山。

我喜欢看一块平平整整、油油亮亮的秧田。那细小的禾苗密密地排在一起，好像一张多绒的毯子，总是激发我想在上面躺一躺的欲望。

我还喜欢花，不管是哪一种。我喜欢清瘦的秋菊、浓郁的玫瑰、孤洁的百合，以及幽娴的素馨。我也喜欢开在深山里不知名的小野花。我十分相信上天在造万花的时候，赋给它们同样的尊荣。

我喜欢另一种花儿，是绽开在人们笑颊上的。当寒冷的早晨我走在巷子里，对门那位清癯（qú）的太太笑着说："早！"我就忽然觉得世界是这样的亲切，我缩在皮手套里的指头不再感觉发僵。到了车站开始等车的时候，我喜欢看见短发齐耳的中学生。我喜欢她们美好宽阔而又明净的

额头，以及活泼清澈的眼神。

我喜欢读信。我喜欢读朋友们的信，没有信的日子是不可想象的。我喜欢读弟弟妹妹的信，那些幼稚纯朴的句子，总是使我在泪光中重新看见南方那座燃遍凤凰花的小城。最不能忘记那年夏天，德从最高的山上为我寄来一片蕨类植物的叶子。在那样酷暑的天气中，我忽然感到甜蜜而又沁人的清凉。

我还喜欢看书，特别是在夜晚。在书籍里面，我不能自抑地要喜爱那些泛黄的线装书，握着它就觉得握着一脉优美的传统，那涩黯的纸面蕴含着一种古典的美。历史的兴亡、人物的迭代本是这样虚幻，唯有书中的智慧永远长存。

我喜欢朋友，喜欢在出其不意的时候去拜访她们，尤其喜欢在雨天去叩湿湿的大门。当她连跑带跳地来迎接我，雨云后的阳光就似乎忽然炽燃起来。

我喜欢活着，而且深深地喜欢能在我心里充满着这样多的喜欢！

　　张晓风，是中国台湾著名散文家。作者独具匠心地用"我喜欢"作为开端，将一件一件生活中的寻常事物细细道来，使我们仿佛看到了那些生机盎然，那些欢欣鼓舞，那些平凡生活里雀跃欢腾的美好事物，那些漫长生命里闪着光的难忘瞬间。文中许多描写细腻而充满新意，抓住了读者的感官，将欢喜之情传递到我们心里。你的生活中是否有一些微小的事物让你感到幸福？

导读

在作者年轻力盛的时候，会花一晌午工夫，把一个土包铲平，或在一片平地上挖一个大坑。几年后，当作者再经过那个地方时会发现一些变化。那么，作者算不算在岁月中虚度的人呢？作者的这些举动又改变了什么呢？让我们走进文章收获更多的感悟吧！

我改变的事物

刘亮程

我年轻力盛的那些年，常常扛一把铁锨，像个无事的人，在村外的野地上闲转。我不喜欢在路上溜达。那个时候，每条路都有一个明确去处，而我是个毫无目的的人，不希望路把我带到我不情愿去的地方。我喜欢一个人在荒野上转悠，看哪不顺眼了，就挖两锨。那片荒野不是谁的。许多草还没有名字，胡乱地长着。我也胡乱地生活着，找不到值得一干的大事。在我年轻力盛的时候，那些很重很累人的活都躲得远远的，不跟我交手，等我老了没力气时，又一件接一件来到生活中，欺负一个老掉的人。这也许就是命运。

有时，我会花一晌午工夫，把一个跟我毫无关系的土包铲平，或在一片平地上无辜地挖一个大坑。我只是不想让一把好锹在我肩上白白生锈。一个在岁月中虚度的人，再搭上一把锹、一幢好房子，甚至几头壮牲口，让它们陪你虚晃荡一世，那才叫不道德呢。当然，在我使唤坏好几把铁锹后，也会想到村里老掉的一些人，没见他们干出啥大事便把自己使唤成这副样子：腰弯了，骨头也散架了。几年后，当我再经过那片荒地，就会发现，我劳动过的地上有了些变化，以往长在土包上的杂草现在下来了，和平地上的草挤在一起，再显不出谁高谁低。而我挖的那个大坑里，深陷着一窝子墨绿。这时我内心的激动别人是无法体会的——我改变了一小片野草的布局和长势。就因为那么几锹，这片荒野的一个部位发生变化了：每个夏天都落到土包上的雨，从此再找不到这个土包；每个冬天也会有一些雪花迟落地一会儿——我挖的这个坑增大了天空和大地间的距离。对于跑过这片荒野的一头驴来说，这点变化算不了什么，它在荒野上随便撒泡尿也会冲出一个不小的坑来。而对于世代生存在这里的一只小虫，这点变化可谓天翻地覆——有些小虫一辈子都走不了几米，在它的领地随便挖走一锨土，它都会永远迷失。

有时我也会钻进谁家的玉米地，蹲上半天再出来。到了秋天就会有一两株玉米，鹤立鸡群般耸在一片平庸的玉米地中。这是我的业绩，我为这户人家增收了几斤玉米。哪天我去这家借东西，碰巧赶上午饭，我会毫不客气地接过女主人端来的一碗粥和一块玉米饼子。

我是个闲不住的人，却永远不会为某一件事去忙碌。村里人说我是个"闲锤子"。他们靠一年年的丰收改建了家园，添置了农具和衣服。我还是老样子。他们不知道我改变了什么。

有一次我经过沙沟梁，见一棵斜长的胡杨树，有碗口那么粗吧。我想它已经歪着身子活了五六年了。我找了根草绳，拴在邻近的一棵树上，费了很大劲把这棵树拉直。干完这件事我就走了。两年后我回来的时候，一眼就看见那棵歪斜的胡杨已经长直了，既挺拔又壮实。拉直它的那棵树却变歪了。我改变了两棵树的长势，而现在，谁也改变不了它们了。

我把一棵树上的麻雀赶到另一棵树上，把一条渠里的水引进另一条渠。我相信我的每个行为都不同寻常地充满意义。我是一个平常的人，住在这样一个小村庄里，注定要闲逛一辈子。我得给自己找点闲事，找个理由活下去。

我在一头牛屁股上拍了一锨，牛猛蹿几步，落在最后的这头牛一下子到了牛群的最前面。碰巧有个买牛的人，这头牛便被选中了。对牛来说，这一锨就是命运。我赶开一头正在交配的黑公羊，让一头急得乱跳的白公羊爬上去。这在我只是个小动作，举手之劳，羊的未来却截然不同了：本该下黑羊羔的这只母羊，因此只能下只白羊羔了。

当我五十岁的时候，我会很自豪地目睹因为我而成了现在这个样子的大小事物。在长达一生的时间里，我有意无意地改变了它们，让本来黑的变成白的，本来向东的去了西边……而这一切，只有我一个人清楚。

我扔在路旁的那根木头，没有谁知道它挡住了什么。它不规则地横在那里，是一种障碍，一段时光中的堤坝，又像是一截指针，一种命运的暗示。每天都会有一些村民坐在木头上，闲扯一个下午。也有几头牲口拴在木头上，一个晚上去不了别处。因为这根木头，人们坐到了一起，扯着闲话商量着明天、明年的事。因此，第二天就有人扛一架农具上南梁坡了，有人骑一匹快马去胡家海子了……

而在这个下午之前，人们都没想好该去干什么。没这根木头，生活可能会是另一个样子。坐在一间房子里的板凳上和坐在路边的一根木头上商量的事，肯定是完全不同的两种结果。

多少年后，当眼前的一切成为结局，时间改变了我，改变了村里的一切。整个老掉的一代人，坐在黄昏里感叹岁月流逝、沧桑巨变。没人知道有些东西是被我改变的。在时间经过这个小村庄的时候，我帮了时间的忙，让该变的一切都有了变迁。我老的时候，我会说：我是在时光中老的。

牵手阅读

刘亮程，文学作家，被誉为"20世纪中国最后一位散文家"，著有《一个人的村庄》等作品。在本文中，作者以悠然闲散的笔调叙写了生活中被"我"不经意改变的事物：一个土包、一个大坑、一两株玉米、两棵胡杨树等。"我"每一个没有明确目的的行为都为这个世界带来了影响，这说明"我"正是时间的同行人、历史的参与者。同学们，你们的行为曾经对他者产生过重要影响吗？当这种情况发生时，你会有什么样的感受与想法呢？

细细品咂人间至味

导读

馒头是中国人的日常主食之一，对今天的人们来说是很常见的东西，那作者为什么对童年的馒头念念不忘呢？

童年的馒头

聂作平

如今的幸福时光使我欣慰，不过有时心底也会泛起一缕儿时的苦涩。那时候，娘拉扯着我和妹妹，家里穷得叮当响。我在五里外的村小上学，六岁的妹妹在家烧锅做饭，背着那个比她还高半截的竹篓打猪草，娘起早摸黑挣工分，日子清贫得像一串串干枯的空笼花。

有年"六一"，学校说是庆祝儿童节，每个学生发三个馒头。我兴冲冲地对娘和妹妹说：明天发馒头，妹妹一个，娘一个，我一个。妹妹笑了，娘也笑了。

那天，学校真的蒸了馍。开完庆祝会，手里多了片荷叶，荷叶里是三个热腾腾的大馒头。

回家路上，看着手中的馒头，口水一咽再咽，肚皮也发出咕咕的叫声。吃一个吧，我对自己说，于是先吃了自己那个。三两口下去，嘴里还没品出味儿，馒头已不见了。又走了一段，口水和肚子故技重演，而且比刚才更厉害。咋办？干脆，把娘那个也吃了，给妹妹留一个就是。她平时不是把麦粑让给我和妹妹，她只喝羹羹吗？娘说过，她不喜欢麦粑呀！

等我回到家时，呆呆地看着手中空空的荷叶，里边连馒头屑也没一星了。我不知道自己怎样进了门，怎样躲开妹妹的目光。娘笑笑，没吭声。

呆立间，同院的二丫娘过来串门，老远就嚷嚷："平娃娘，平娃娘！你家平娃带馒头回来了吗？你看我家二丫，发三个馒头，一个都舍不得吃，饿着肚皮给我带回家来了！"

娘从灶间抬起头，"可不，我家平娃也把馒头全带回来了！你看嘛——"娘说着打开锅盖，锅里奇迹般地蒸着五个白中带黄的大馒头！"你看，人家老师说我家平娃学习好，还多奖励了两个呢！"

二丫娘看看我，我慌乱地点点头……

那天晌午，娘把馒头拾给我和妹妹，淡淡地说："吃吧，平娃，不就是几个馒头吗！"妹妹大口大口咬着馒头，我却哇一声哭了。

后来，我发现，就是在那一天，我的童年结束了。

 牵手阅读

本篇中作者讲述了他童年的一次难忘经历。那是一个物资匮乏的年代，儿童节学校发了三个馒头，回家路上，"我"三两口将属于自己的那个馒头下肚，又将属于母亲和妹妹的那份也一起吃掉了。回到家后母亲却没有任何责怪和埋怨，母亲这么做的原因是什么呢？作者为什么说他的童年在那一天结束了？

导读

中国有非常悠久的饮茶历史，在这漫长的饮茶史中也形成了独特的茶文化。"烟花三月下扬州"，本文中作者介绍了扬州具有浓郁地方特色的茶文化。

扬州茶馆

朱自清

扬州最著名的是茶馆，早上去下午去都是满满的。扬州茶馆吃的花样最多。坐定了沏上茶，便有卖零碎的来兜揽，手臂上挽着一个黯淡的柳条筐，筐子里摆满了一些小蒲包，分放着瓜子花生炒盐豆之类。又有炒白果的，在担子上的铁锅里爆着白果，一片铲子的声音。得先告诉他，才给你炒。炒得壳子爆了，露出黄亮的仁儿，铲在铁丝罩里送过来，又热又香。还有卖五香牛肉的，让他抓一些，摊在干荷叶上；叫茶房拿点好麻酱油来，拌上慢慢地吃，也可向卖零碎的买些白酒——扬州普通都喝白酒——喝着。这才叫茶房烫干丝。是不可少的。北平现在吃干丝，都是所谓煮干丝；那是很浓的，当菜很好，当点心却未必合式。烫干丝先将一大块白豆腐干飞快地切成薄片，再切成细丝，放在小碗里；用开水一浇，干丝便熟了；滗去了水，抟成圆锥似的，再倒上麻酱油，搁一撮虾米和干笋丝在尖儿，就成。说时迟，那时快，刚瞧着在切豆腐干，一眨眼已端来了。烫干丝就是清的好，不妨碍你吃别的。

接着该要小笼点心。扬州的小笼点心，肉馅儿的、蟹肉馅儿的、笋肉馅儿的且不用说，最可口的是菜包子、菜烧卖，还有干菜包子。菜选那最嫩的，剁成泥，加一点儿糖一点儿油，蒸得白生生的，热腾腾的，到口轻松地化去，留下一丝儿余味。干菜也是切碎，也是加一点儿糖和油，燥湿恰到好处；细细地咀嚼，可以嚼出一点橄榄般的回味来。这么着每样吃点儿也并不太多。要是有饭局，还尽可以从容地去。但是要老资格的茶客才能这样有

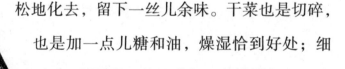

分寸；偶尔上一回茶馆的本地人外地人，却总忍不住狼吞虎咽，到了儿捧着肚子走出。

朱自清是中国近代散文家、诗人、学者，《背影》《春》《匆匆》都是其代表作。本篇节选自朱自清先生1934年的文章《说扬州》，介绍了作者居住许久的扬州的传统饮食文化。扬州茶馆是扬州人社交的重要场所，通过本文，也可以了解中国传统的饮茶风俗。另外，我们不妨找找作者在描写各种茶馆小吃时所使用的动词，如烫干丝，"飞快地切""放""浇""滗""拌""倒""搁"，把烫干丝的整个过程写得生动无比，你可以细细"回味"。

小帆的梦想

导读

作家萧红生于黑龙江呼兰河畔，在祖父身边度过了她的童年，与祖父的感情深厚。烤鸭子是她童年里美好难忘的小幸福，一起来读一读吧。

烤鸭子

萧　红

我小时候除了念诗之外，还很喜欢吃。

记得大门洞子东边那家是养猪的，一个大猪在前边走，一群小猪跟在后边。有一天一个小猪掉井了，人们用抬土的筐子把小猪从井里吊了上来。吊上来，那小猪早已死了。井口旁边围了很多人看热闹，祖父和我也在旁边看热闹。

那小猪一被打上来，祖父就说他要那小猪。

祖父把那小猪抱到家里，用黄泥裹起来，放在灶坑里烧上了，烧好了给我吃。

我站在炕沿儿旁边，那整个的小猪，就摆我的眼前，祖父把那小猪一撕开，立刻就冒了油，真香！我从来没有吃过那么香的东西，从来没有吃过那么好吃的东西。

第二次，又有一只鸭子掉井了，祖父也用黄泥包起来，烧上给我吃了。

在祖父烧的时候，我也帮着忙，帮着祖父搅黄泥，一边喊着，一边叫着，好像啦啦队似的给祖父助兴。

鸭子比小猪更好吃，那肉是不怎样肥的。所以我最喜欢吃鸭子。

我吃，祖父在旁边看着，祖父不吃。等我吃完了，祖父才吃。他说我的牙齿小，怕我咬不动，先让我选嫩的吃，我吃剩了的他才吃。

祖父看我每咽下去一口，他就点一下头，而且高兴地说："这小东西真馋。"或是"这小东西吃得真快"。

我的手满是油，随吃随在大襟上擦着，祖父看了也并不生气，只是说："快蘸点儿盐吧，快蘸点儿韭菜花吧，空口吃不好，等会儿要反胃的……"

说着就捏几个盐粒放在我手上拿着的鸭子肉上。我一张嘴又进肚去了。

祖父越称赞我能吃，我越吃得多。祖父看看不好了，怕我吃多了。让我停下，我才停下来。我明明白白地是吃不下去了，可是我嘴里还说着："一个鸭子还不够呢！"

自此吃鸭子的印象非常之深，等了好久，鸭子再不掉到井里，我看井沿儿有一群鸭子，我拿了秫秆就往井里边赶，可是鸭子不进去，围着井口转，呱呱地叫着。我就招呼了在旁边看热闹的小孩子，我说："帮我赶哪！"

正在吵吵叫叫的时候，祖父奔到了，祖父说："你在干什么？"

我说："赶鸭子，鸭子掉井，捞出来好烧着吃。"

祖父说："不用赶了，爷爷抓个鸭子给你烧着。"

我不听他的话，我还是追在鸭子的后边跑着。

祖父上前来把我拦住了，抱在怀里，一面给我擦着汗一面说："跟爷爷回家，抓个鸭子烧上。"

我想：不掉井的鸭子，抓都抓不住，可怎么能规规矩矩贴起黄泥来让烧呢？于是我从祖父的身上往下挣扎着，喊着："我要掉井的！我要掉井的！"

祖父几乎抱不住我了。

牵手阅读

　　本篇节选自中国现代女作家萧红的小说《呼兰河传》。萧红，原名张乃莹，"萧红"是她的笔名。她的小说有着鲜明的特色，其独特的语言、自传体的叙事方式、非情节化的结构及诗化风格被人称为"萧红体"，是中国现代文学史上非常值得品味的作品。作者是怎样描写在呼兰河城度过的童年时光的呢？说一说，故事从哪几个方面展现了祖父的慈爱呢？

导读

汪曾祺是中国当代著名作家，被誉为"抒情的人道主义者"。他散文中雅致、细腻的言语，将一道菜描绘得头头是道、饶有风味、别有才思。一篇《端午的咸鸭蛋》写尽了对童真童趣的怀念和对故乡的热爱，看一看这篇文章又是如何描写萝卜的美味的吧。

萝 卜

汪曾祺

杨花萝卜即北京的小水萝卜。因为是杨花飞舞时上市卖的，我的家乡名之曰："杨花萝卜。"这个名称很富于季节感。我家不远处的街口一家茶食店的屋下有一岁数大的女人摆一个小摊子，卖供孩子食用的便宜的零吃。杨花萝卜下来的时候，卖萝卜。萝卜一把一把地码着。她不时用炊帚洒一点水，萝卜总是鲜红的。给她一个铜板，她就用小刀切下三四根萝卜。萝卜极脆嫩，有甜味，富水分。自离家乡后，我没有吃过这样好吃的萝卜。或者不如说自我长大后没有吃过这样好吃的萝卜。小时候吃的东西都是最好吃的。

除了生嚼，杨花萝卜也能拌萝卜丝。萝卜斜切的薄片，再切为细丝，加酱油、醋、香油略拌，撒一点儿青蒜，极开胃。小孩子的顺口溜唱道：

人之初，鼻涕拖。

油炒饭，拌萝菠（我的家乡称萝卜为萝菠）。

油炒饭加一点儿葱花，在农村算是美食，佐以拌萝卜丝一碟，吃起来是很香的。

萝卜丝与细切的海蜇皮同拌，在我的家乡是上酒席的，与香干拌荠菜、盐水虾、松花蛋同为凉碟。北京的拍水萝卜也不错，但宜少入白糖。

北京人用水萝卜切片，氽羊肉汤，味鲜而清淡。

烧小萝卜，来北京前我没有吃过（我的家乡杨花萝卜没有熟吃的），很好。有一位台湾女作家来北京，要我亲自做一顿饭请她吃。我给她做了几个菜，其中一个是烧小萝卜。她吃了赞不绝口。那当然是不难吃的：那两天正是小萝卜最好吃的时候，都长足了，但还很嫩，不糠；而且我是用干贝烧的。她说台湾没有这种水萝卜。

我们家乡有一种穿心红萝卜，粗如黄酒盏，长可三四寸，外皮深紫红色，里面的肉有放射形的紫红纹，紫白相间，若是横切开来，正如中药里的槟榔片（卖时都是直切），当中一线贯通，色极深，故名穿心红。卖穿心红萝卜的挑担，与山芋（红薯）同卖，山芋切厚片。都是生吃。

紫萝卜不大，大的如一个大衣口子，扁圆形，皮色乌紫。据说这是五倍子染的。看来不是本色。因为它掉色，吃了，嘴唇牙肉也是乌紫乌紫的。里面的肉却是嫩白的。这种萝卜非本地所产，产在泰州。每年秋末，就有泰州人来卖紫萝卜，都是女的，挎一个柳条篮子，沿街吆喝："紫萝——卜！"

我在淮安第一回吃到青萝卜。曾在淮安中学借读过一个学期，一到星期日，就买了七八个青萝卜，一堆花生，几个同学，尽情吃一顿。后来我到天津吃过青萝卜，觉得淮安青萝卜比天津的好。大抵一种东西第一回吃，总是最好的。

天津吃萝卜是一种风气。五十年代初，我到天津，一个同学的父亲请我们到天华景听曲艺。座位之前有一溜长案，摆得满满的，除了茶壶茶碗、瓜子花生米碟子，还有几大盘切成薄片的青萝卜。听"玩意儿"吃萝卜，此风为别处所无。天津谚云："吃了萝卜喝热茶，气得大夫满街爬。"吃萝卜喝茶，此风别处所无。

　　心里美萝卜是北京特色。一九四八年冬天，我到了北京，街头巷尾，每每听到吆喝："哎——萝卜，赛梨来——辣来换……"声音高亮打远。看来在北京做小买卖的，都得有条好嗓子。卖"萝卜赛梨"的，萝卜都是一个一个挑选过的，用手指头一弹，当当的；一刀切下去，咔嚓嚓地响。

　　我在张家口沙岭子劳动，曾参加过收心里美萝卜。张家口土质于萝卜相宜，心里美皆甚大。收萝卜时是可以随便吃的。和我一起收萝卜的农业工人取出一个萝卜，看一看，不怎么样的，随手就扔进了大堆。一看，这个不错，往地下一扔，叭嚓，裂成了几瓣，"行！"于是各拿着一块啃起来，甜、脆、多汁，难以名状。他们说："吃萝卜，讲究吃'棒打萝卜'。"

张家口的白萝卜也很大。我参加过张家口地区农业展览会的布置工作，送展的白萝卜都特大。白萝卜有象牙白和露八分。露八分即八分露出土面，露出土面部分外皮淡绿色。

我的家乡无此大萝卜，只是粗如小儿臂而已。家乡吃萝卜只是红烧，或素烧，或与臀肩肉同烧。

江南人特重白萝卜炖汤，常与排骨或猪肉同炖。白萝卜耐久炖，久则出味。或入淡菜，味尤厚。沙汀《淘金记》写幺吵吵每天用牙巴骨炖白萝卜，吃得一家脸上都是油光光的。天天吃是不行的，隔几天吃一次，想亦不恶。

四川人用白萝卜炖牛肉，甚佳。

扬州人、广东人制萝卜丝饼，极妙。北京东华门大街曾有外地人制萝卜丝饼，生意极好。此人后来不见了。

北京人炒萝卜条，是家常下饭菜。或入酱炒，则为南方人所不喜。

白萝卜最能消食通气。我们在湖南体验生活，有位领导同志，接连五天大便不通，吃了各种药都不见效，憋得他难受得不行。后来生吃了几个大白萝卜，一下子畅通了。奇效如此，若非亲见，很难相信。

萝卜是腌制咸菜的重要原料。我们那里，几乎家家都要腌萝卜干。腌萝卜干的是红皮圆萝卜。切萝卜时全家大小一齐动手。孩子切萝卜，觉得这个一定很甜，尝一瓣，甜，就放在一边，自己吃。切一天萝卜，每个孩子肚子里都装了不少。萝卜干盐渍后须在芦席上摊晒，水气干后，入缸，压紧，封实，一两个月后取食。我们那里说在商店学徒（学生意）要"吃三年萝卜干饭"，意谓油水少也。学徒不到三年零一节，不满师，吃饭须自觉，筷子不能往荤菜盘里伸。

扬州一带酱园里卖萝卜头，乃甜面酱所腌，口感甚佳。孩子们爱吃，一半也因为它的形状很好玩，圆圆的，比一个鸽子蛋略大。此北地所无，天源、六必居都没有。

北京有小酱萝卜，佐粥甚佳。大腌萝卜咸得发苦，不好吃。

四川泡菜什么萝卜都可以泡，红萝卜、白萝卜。

湖南桑植卖泡萝卜。走几步，就有个卖泡萝卜的摊子。萝卜切成大片，泡在广口玻璃瓶里，给毛把钱即可得一片，边走边吃。峨眉山道边也有卖泡萝卜的，一面涂了一层稀酱。

萝卜原产中国，所以中国的为最好。有春萝卜、夏萝卜、秋萝卜、四季萝卜，一年到头都有。可生食、煮食、腌制。萝卜所惠于中国人者亦大矣。美国有小红萝卜，大如元宵，皮色鲜红可爱，吃起来则淡而无味。异域得此，聊胜于无。爱伦堡小说写几个艺术家吃奶油蘸萝卜，喝伏特加，不知是不是这种红萝卜。我在爱荷华韩国人开的菜铺的仓库看到一堆心里美，大喜。买回来一吃，味道满不对，形似而已。日本人爱吃萝卜，好像是煮熟蘸酱吃的。

牵手阅读

在汪曾祺看来，做菜跟写文章相同，要有想象力，要爱揣摩，更要多实践。想一想，汪曾祺先生的文章吸引人的地方到底在哪里呢？有人认为是来自他充满生活气息的描写，你觉得呢？

导读

　　一家店的舒适称心，大多离不开店主的尊重和体贴，而一个故事的动人，一定离不开美好真挚的感情。这个故事发生在二战后的日本，除夕夜本该清闲的小面馆迎来了最后一桌客人，那是看起来有些窘迫的一家三口——一位母亲带着她的两个儿子，怯生生地点了一碗清汤荞麦面。之后每年的这一天他们都会来到这家面馆。不过第四年的除夕夜，他们却没有出现。多年后再度来到这家面馆的母子三人又发生了哪些变化呢？

一碗清汤荞麦面

［日］栗良平

　　对于面馆来说，最忙的时候，要算是大年夜了。北海亭面馆的这一天，也是从早就忙得不亦乐乎。

　　平时直到深夜十二点还很热闹的大街，大年夜晚上一过十点，就很宁静了。北海亭面馆的顾客，此时也像是突然都失踪了似的。

就在最后一位顾客出了门，店主要说关门打烊的时候，店门被咯吱咯吱地拉开了。一个女人带着两个孩子走了进来。六岁和十岁左右的两个男孩子，都穿着一身崭新的运动服。女人却穿着不合时令的斜格子短大衣。

"欢迎光临！"老板娘上前去招呼。

"啊……清汤荞麦面……一碗……可以吗？"女人怯生生地问。那两个小男孩躲在妈妈的身后，也怯生生地望着老板娘。

"行啊，请，请这边坐，"老板娘说着，领他们母子三人坐到靠近暖气的二号桌，一边向柜台里面喊着，"清汤荞麦面一碗——"

听到喊声的老板，抬头瞥了他们三人一眼，应声回答道："好咧！清汤荞麦面一碗——"

案板上早就准备好了面条，一堆堆像小山，一堆是一人份。老板抓起一堆面，继而又加了半堆，一起放进锅里。老板娘立刻领悟到，这是丈夫特意多给这母子三人的。

热腾腾、香喷喷的清汤荞麦面一上桌，母子三人立即围着这碗面，头碰头地吃了起来。

"真好吃啊！"哥哥说。

"妈妈也吃呀！"弟弟夹了一筷子面，送到妈妈口中。

不一会儿，面吃完了，女人付了一百五十元钱。

"承蒙款待。"母子三人一起点头谢过，出了店门。

"谢谢，祝你们过个好年！"老板和老板娘应声答道。

过了新年的北海亭面馆，每天照样忙忙碌碌。一年很快过去了，转眼又是大年夜。

和以前的大年夜一样，忙得不亦乐乎的这一天就要结束了。过了晚上十点，面馆正想打烊，店门又被拉开了，一个女人带着两个男孩走了进来。

老板娘看那女人身上那件不合时令的斜格子短大衣，就想起去年大年夜最后那三位顾客。

"……这个……清汤荞麦面一碗……可以吗？"

"请，请到里边坐，"老板娘又将他们带到去年的那张二号桌，"清汤荞麦面一碗——""好咧，清汤荞麦面一碗——"老板应声回答着，并将已经熄灭的炉火重新点燃起来。

"喂，孩子他爹，给他们下三碗，好吗？"老板娘在老板耳边轻声说道。

"不行，如果这样的话，他们也许会尴尬的。"

老板说着，抓了一份半的面下了锅。

桌上放着一碗清汤荞麦面，母子三人边吃边谈着，柜台里的老板和老板娘也能听到他们的声音。

"真好吃……"

"今年又能吃到北海亭的清汤荞麦面了。"

"明年还能来吃就好了……"

吃完后，付了一百五十元钱。老板娘对着他们的背影说道："谢谢，祝你们过个好年！"

这一天，被这句说过几十遍乃至几百遍的祝福送走了。

生意日渐兴隆的北海亭面馆，又迎来了第三个大年夜。

从九点半开始，老板和老板娘虽然谁都没说什么，但都显得有点儿心神不定。十点刚过，雇工们下班走了，老板和老板娘立刻把墙上挂着的各种面的价格牌一一翻了过来，赶紧写好"清汤荞麦面一百五十元"。其实，从当年夏天起，随着物价的上涨，清汤荞麦面的价格已经是二百元一碗了。

二号桌上，在三十分钟以前，老板娘就已经摆好了"预约"的牌子。

到十点半，店里已经没有客人了，但老板和老板娘还在等候着那母子三人的到来。他们来了。哥哥穿着中学生的制服，弟弟穿着去年哥哥穿的那件略有些大的旧衣服，兄弟二人都长大了，有点认不出来了。母亲还是穿着那件不合时令的有些褪色的短大衣。

"欢迎光临。"老板娘笑着迎上前去。

"……啊……清汤荞麦面两碗……可以吗？"母亲怯生生地问。

"行，请，请里边坐！"

老板娘把他们领到二号桌，顺手将桌上那块预约牌藏了起米，对柜台喊道：

"清汤荞麦面两碗！"

"好咧，清汤荞麦面两碗——"

老板应声答道，把三碗面的分量放进锅里。

母子三人吃着两碗清汤荞麦面，说着，笑着。

"大儿，淳儿，今天，妈妈我想要向你们道谢。"

"道谢？向我们？为什么？"

"你们也知道，你们的父亲死于交通事故，生前欠下了八个人的钱。我把抚恤金全部还了债，还不够的部分，就每月五万元分期偿还。"

"是呀，这些我们都知道。"

老板和老板娘在柜台里，一动不动地凝神听着。

"剩下的债，本来约定到明年三月还清，可实际上，今天就可以全部还清了。"

"啊，这是真的吗，妈妈？"

"是真的。大儿每天送报支持我，淳儿每天买菜烧饭帮我忙，所以我能够安心工作。因为我努力工作，得到了公司的特别津贴，所以现在能够全部还清债款。"

"好啊！妈妈，哥哥，从现在起，每天烧饭的事还是包给我了！"

"我也继续送报。弟弟，我们一起努力吧！"

"谢谢，真是谢谢……"

"我和弟弟也有一件事瞒着妈妈，今天可以说了。那是在十一月的一个星期天，我到弟弟学校去参加家长会。那时，弟弟已经藏了一封老师给他妈妈的信……弟弟写的作文如果被选为北海道的代表，就能参加全国的作文比赛。正因为这样，家长会的那天，老师要弟弟自己朗读这篇作文。老师的信如果给妈妈看了，妈妈一定会向公司请假，去听弟弟朗读作文，于是，弟弟就没有把这封信交给妈妈。这事，我还是从弟弟的朋友那里听来的。所以，家长会那天，是我去了。"

"哦，是这样……那后来呢？"

"老师出的作文题目是，'你将来想成为怎样的人'。全体学生都写了，弟弟的题目是《一碗清汤荞麦面》，一听这题目，我就知道写的是北海亭面馆的事。当时我就想，弟弟这家伙，怎么把这种难为情的事都写出来了。"

"作文写的是，父亲死于交通事故，留下一大笔债。妈妈每天从早到晚拼命工作，我去送早报和晚报……弟弟全写了出来。接着又写，十二月三十一日的晚上，母子三人吃一碗清汤荞麦面，非常好吃……三个人只买一碗清汤荞麦面，面馆的叔叔阿姨还是很热情地接待我们，谢谢我们，还祝福我们过个好年。在弟弟听来，那祝福的声音分明是在对他说：'不要低头！加油啊！要好好活着！'因此，弟弟长大成人后，想开一家日本第一的面馆，也要对顾客说：'加油啊！''祝你幸福！''谢谢！'弟弟大声地朗读着作文……"

此刻，柜台里竖着耳朵，全神贯注听母子三人说话的老板和老板娘不见了。在柜台后面，只见他们两人面对面地蹲着，一条毛巾，各执一端，正在擦着夺眶而出的眼泪。

"作文朗读完后，老师说：'今天淳君的哥哥代替他母亲来参加我们的家长会，现在我们请他来说几句话……'"

"这时哥哥都说了些什么？"

"因为突然被叫上去发言，一开始，我什么也说不出……'大家一直和我弟弟很要好，在此，我谢谢大家。弟弟每天要做晚饭，只能放弃兴趣小组的活动，提前回家，我做哥哥的，感到很难为情。刚才，弟弟刚开始朗读《一碗清汤荞麦面》的时候，我感到很丢脸，但是，当我看到弟弟激动地大声朗读的样子，我心里更感到羞愧。这时我想，决不能忘记妈妈买一碗清汤荞麦面的勇气。我们兄弟二人一定要齐心协力，照顾好我们的妈妈！希望大家以后也能够和我弟弟做好朋友。'我就说了这些……"

母子三人，静静地，互相握着手，良久，继而又欢快地笑了起来。和去年相比，他们像是完全变了个模样。

作为年夜饭的清汤荞麦面吃完了，付了三百元。

"承蒙款待。"母子三人深深地低头道谢，走出了店门。

"谢谢，祝你们过个好年！"

老板和老板娘大声向他们祝福，目送他们远去……

又是一年的大年夜降临了。北海亭面馆里，晚上九点一过，二号桌上又摆上了"预约席"的牌子，等待着母子三人的到来。可是，没看到那三人的身影。

一年，又是一年，二号桌始终默默地等待着。可母子三人还是没有出现。

北海亭面馆因为生意越来越兴隆，店内重又进行了装修。桌子、椅子都有换了新的，可二号桌却依然如故。老板夫妇不但没感到不协调，反而把二号桌安放在店堂中央。

"为什么把这张旧桌子放在店堂中央？"有的顾客感到奇怪。

于是，老板夫妇就把"一碗清汤荞麦面"的故事告诉他们。并说，这张桌子就是对自己的激励。而且说不定哪天那母子三人还会来，这个时候，想用这张桌子来迎接他们。

就这样，关于二号桌的故事，使二号桌成了"幸福的桌子"。顾客们到处传诵着。有人特意从远方赶来。有女学生，也有年轻的情侣，都要到二号桌上吃一碗面。二号桌也因此而名声大振。

时光流逝，年复一年。这一年的大年夜又来到了。

这时，北海亭面馆已经是这条街的商会的主要成员。人年夜这天，亲如家人的朋友、近邻、同行，结束了一大的工作后，都来到了北海亭面馆。在北海亭吃了过年面，听着除夕夜的钟声，然后亲朋好友聚集起来，一起到附近的神社去烧香磕头，以求神明保佑在新的一年里万事如意，厄除运开。这种情形，已经有五六年的历史了。

今年的大年夜当然也不例外。晚上九点半一过，以鱼店老板夫妇双手捧着装满生鱼片的大盆子进来为信号，平时亲如家人的朋友们大约三十多人，也都带着酒菜，陆陆续续地会集到北海亭，店里的气氛，一下子热闹起来。

知道二号桌由来的朋友们，嘴里虽然没说什么，可心里都有在想着，今年二号桌也许又要空等了吧。那块"预约"的牌子，早已悄悄地放在二号桌上。

狭窄的座席之间，客人们一点一点地移动着身子坐下，有人还招呼着迟到的朋友。吃着面，喝着酒，互相夹着菜。有人到柜台里去帮忙，有人随意拉开冰箱拿来东西。什么廉价出售的生意啦，海水浴的艳闻轶事啦，

什么添了孙子的事啦，店里已是人声鼎沸。十点半时，北海亭里的热闹气氛到达了顶点。就在这时，店门被咯吱咯吱地拉开了。人们都向门口望去，屋子里突然静了下来。

两位西装笔挺，手臂上搭着大衣的青年走了进来。这时，大伙都松了口气，随着轻轻的叹息声，店里又恢复了刚才的热闹。

　　"真不凑巧，店里已经坐满了。"老板娘面带着歉意说。

　　就在她拒绝两位青年的时候，一位身穿和服的妇人，深深低着头走了进来，站在两位青年的中间。店里的人们，一下子都屏住了呼吸，耳朵也竖起来了。

　　"啊……三碗清汤荞麦面，可以吗？"穿和服的妇人平静地说。

　　听了这话，老板娘的脸色一下子变了。十几年前留在脑海中的母子三人的印象，和眼前这三人的形象重叠起来了。

　　老板娘指着三位来客，目光和正在柜台里找韭菜的丈夫的目光撞到一处。

　　"啊……啊……孩子他爹……"

　　面对不知所措的老板娘，青年中的一位开口了："我们就是十四年前的大年夜，母子三人共吃一碗清汤荞麦面的顾客。那时，就是这一碗清汤荞麦面的鼓励，使我们三人同心合力，度过了艰难的岁月。这以后，我们搬到母亲的老家滋贺县去了。"

"我今年通过了医生的国家考试，现在在京都的大学医院里当实习医生。明年四月，我将到札幌的综合医院工作。还没有开面馆的弟弟，现在京都银行里工作。我和弟弟商谈，计划了这生平第一次的奢侈的行动。就这样，今天我们母子三人，特意来拜访，想要麻烦你们煮三碗清汤荞麦面。"

边听边点头的老板夫妇，泪珠一串串地掉下来。

坐在靠近门口桌上的蔬菜店老板，嘴里含着一口面听着，直到这时，才把面咽下去，站起身来。

"喂喂！老板娘，你呆站着干什么！这十年的每一个大年夜，你都为等待他们的到来而准备着，这十年后的预约席，不是吗？快！请他们上座，快！"

被蔬菜店老板用肩一撞，老板娘这才清醒过来。

"欢……欢迎，请……请坐……孩子他爹，二号桌清汤荞麦面三碗——"

"好咧——清汤荞麦面三碗——"泪流满面的丈夫差点儿应不出声来。

店里，突然爆发出一阵欢呼声和鼓掌声。

店外，刚才还在纷纷扬扬地飘着的雪，此刻也停了。

皑皑白雪映着明净的窗子，那写着"北海亭"的布帘子，在正月的清风中，摇着，飘着……

（文明 译）

 牵手阅读

栗良平，日本儿童文学作家。在这个故事里，母子三人生活虽然困苦，却互相理解、彼此扶持、努力生活，令人感动。面馆老板夫妇对待陌生客人的温柔善意和体贴尊重，更让人感觉到温暖。你留意过这些生活中温暖的小细节吗？

孩子，让我们一起面对

导读

一天，像往常一样，小巴勒在床上醒来，可整个世界却静悄悄的，一个人也没有。你觉得在这样的世界里，小巴勒会有什么样的感觉呢？

世界上只有小巴勒一个人

〔丹麦〕西斯高尔德

早晨，睡在小床上的小巴勒醒了。

大概是他醒得太早了，屋里静悄悄的，一点儿声音也没有。不过，阳光已经从窗口照了进来，所以他也不想再睡了。

巴勒踮着脚，轻轻往过道上走，走到了爸爸妈妈的房门口。他轻轻把门推开了一条缝，往卧室里瞅了瞅，没有人。巴勒走到妈妈的床边，床上空荡荡的，没人。接着走到爸爸的床边，爸爸的床上也没有人。妈妈爸爸都上哪儿去了呢？

巴勒回到自己的房间里。但他已经不想再上床躺着了。对，还是穿上衣服，到院子里玩去吧。

巴勒已经能自己穿衣服了，他已经是个十足的大孩子了。但是洗脸他可不太喜欢，于是只抹了抹鼻子尖，就算洗过脸了。接着，巴勒到餐室里去。穿过餐室，他走进了厨房，但爸爸妈妈也没在厨房里。

这就好玩了——因为家里只有巴勒一个人了。

巴勒下了楼梯，出了门。以往，不经爸爸妈妈同意，小巴勒是不能出门到外面玩的。可这会儿爸爸妈妈全不在呀。巴勒去找他的爸爸妈妈。就在门口正对面，停着一辆电车。巴勒往电车里瞧了瞧，电车里什么人也没有，连售票员和驾驶员也不在。

这些人都到哪儿去了呢？巴勒走进牛奶店。他跟销售牛奶的阿姨可熟啦。但柜台那儿没有那位阿姨，而且，也没一个人来买牛奶。

整条街空空荡荡，一片静悄悄。没有开来开去的汽车。电车停着。街上一个行人也不见。整个阳光照耀的世界，就只有小巴勒一个人……巴勒一家店一家店地游逛着，但是什么人也没有，所有的人都一下子无影无踪了。在糖果店里，巴勒抓了一块巧克力填在嘴里。不用别人说，他也知道这样做不好。不过，既然这世界上就剩他一个人，那么还有谁来责骂他呢？

巴勒于是觉得，世界上只剩他一个人，真好。他走进了水果店，大口大口地啃起苹果来。可都只啃上一两口就扔了。接着，又往自己衣袋里塞了两个橙子。然而，这些人都到哪儿去了呢？

拐角处还停着一辆电车。这是二路电车，巴勒走进电车，在驾驶员的座位上坐了下来。巴勒转动方向盘，就像他就是电车驾驶员似的。

丁零！电车开动了。巴勒心里很害怕。可这没关系。因为现在他是真正的电车驾驶员了，他驾起电车飞也似的往前开。巴勒戴上电车驾驶员的制帽。这制帽太大了，帽檐碰到了他的鼻子尖。巴勒伸脚去踩铃铛，可是踩不着，他就自个儿用嘴叫着："丁零——丁零！"

其实，这根本用不着，这街上不是一个人都没有吗？巴勒高兴透了，世界上只剩他一个人，太好了！现在他想要干什么就能干什么了。电车向中心广场飞快地驰去。忽然，巴勒看见前面电车道上停着另一辆电车！

当！巴勒一跟头从座位上摔到了马路边。还好，没摔伤，可电车撞了个稀巴烂！现在再不能开着它往前跑了。

不过，要是巴勒想继续往前跑，他完全可以开上其他的无论哪一辆电车——街上的电车多的是。

巴勒走进公园。他常跟小朋友一道到这里来玩。

他从草坪上径直穿过去。巴勒清清楚楚地看见木牌上写着：请勿踩踏草坪！可既然世界上只剩他一个人了，那还有什么允许不允许呢？

儿童游乐场上支着一架跷跷板，巴勒这回可以玩个痛快了。可这跷跷板一个人玩不起来：谁坐在跷跷板的另一头呢？唉，要是他的小朋友盖丽娅和尼尔斯在这里该有多好啊！

巴勒接着往前走，抬头看见一座漂亮的大电影院，这里，天天放映各种有趣的电影。巴勒走进电影院。没有人向巴勒要电影票，但是电影院里黑咕隆咚的，什么电影也没有。

要是世界上只剩巴勒一个人，那么谁来为他放电影呢？

原来，世界上只剩一个人并不快活。

巴勒很想念他的小伙伴，很想念爸爸妈妈。他特别想念妈妈。

巴勒坐进一辆漂亮的小车，满城转了起来。真奇怪，突然之间这些人都到哪儿去了呢?

最后,巴勒开着车来到飞机场。那里停着一架银亮银亮的飞机。巴勒坐进了飞机座舱,把飞机直往高处开,很高很高。飞机升呀升呀,几乎要碰到星星。猛地,飞机撞上了什么。不用说,这是撞到月亮了。可怜的小巴勒,他头朝地,哧溜,直往下栽……

巴勒放开嗓门大叫起来,就醒了。他躺在自己的小床上。

原来,这一切只不过是在做梦!这时,妈妈走了进来。"巴勒,你怎么啦?刚才为什么哭?""噢,妈妈,我做梦了,梦见世界上只剩我一个人!我想做什么就能做什么,可一个人太孤单,太难受了……好在,我只是做了一个梦!"

巴勒一下坐了起来,穿上衣服。瞧,他到公园里去了,这会儿他正跟他的小伙伴们在游乐场上玩哩。大伙儿一块儿玩,多开心啊!

(韦苇 译)

　　你是否也想象过这种情景？世界上只有你一个人，到处是静悄悄的，可以做自己喜欢的事，没有爸爸妈妈的念叨，也没有老师的教训。或许这样的生活挺快活，可是就像小·巴勒梦中所遇一样，一个人的生活同样伴随着孤独与寂寞。关于这个故事，作者曾说过："我试图告诉孩子们的是，人只有在世界上唯独他一个人的情况下，才可能想干什么就干什么。纵然是我们只想在其中生活短暂的时间，在这短暂的时间里也就会让我们明白，离开他人的帮助和关怀是没法儿过活的。"

狼和七只小山羊

［德］格林兄弟

从前有只老山羊，它生了七只小山羊，并且像所有母亲爱孩子一样爱它们。一天，它要到森林里去找食物，便把七个孩子全叫过来，对它们说："亲爱的孩子们，我要到森林里去，你们一定要提防着狼。要是让狼进了屋，它会把你们全部吃掉的——连皮带毛通通吃光。这个坏蛋常常把自己化装成别的样子，但是，你们只要一听到他那沙哑的声音，一看到它那黑黑的爪子，就能认出它来。"小山羊们说："好妈妈，我们会当心的。你去吧，不用担心。"

老山羊咩咩地叫了几声，便放心地去了。

没过多久，有人敲门，而且大声说："开门哪，我的好孩子。你们的妈妈回来了，还给你们每个人带来了一点儿东西。"可是，小山羊们听到沙哑的声音，立刻知道是狼来了。"我们不开门，"它们大声说，"你不是我们的妈妈。我们的妈妈说话时声音又软又好听，而你的声音非常沙哑，你是狼！"于是，狼跑到杂货商那里，买了一大块糨糊，吞了下去，结果嗓子变细了。然后它又回来敲山羊家的门，喊道："开门哪，我的好孩子。你们的妈妈回来了，给你们每个人都带了点儿东西。"可是狼把它的黑爪子搭在了窗户上，小山羊们看到黑爪子便一起叫道："我们不开门。我们的妈妈没有你这样的黑爪子。你是狼！"于是狼跑到面包师那里，对他说："我的脚受了点伤，给我用面团揉一揉。"等面包师用面团给它揉过之后，狼又跑到磨坊主那里，对他说："在我的脚上洒点儿白面粉。"磨坊主想狼肯定是想去骗什么人，便拒绝了它的要求。可是狼说："要是你不给我洒面粉，我就把你吃掉。"磨坊主害怕了，只好洒了点面粉，把狼的爪子弄成了白色。可不，人就是这个德行！

这个坏蛋第三次跑到山羊家，一面敲门一面说："开门哪，孩子们。你们的好妈妈回来了，还从森林里给你们每个人带回来一些东西。"小山羊们叫道："你先把脚给我们看看，好让我们知道你是不是我们的妈妈。"狼把爪子伸进窗户，小山羊们看到爪子是白的，便相信它说的是真话，打开了屋门。然而进来的是狼！小山羊们吓坏了，一个个都想躲起来。第一只小山羊跳到了桌子下，第二只钻进了被子，第三只躲到了炉子里，第四只跑进了厨房，第五只藏在柜子里，第六只挤在洗脸盆下，第七只爬进了钟盒里。狼把它们一个个都找了出来，毫不客气地把它们全都吞进了肚子。只有躲在钟盒里的那只最小的山羊没有被狼发现。狼吃饱了之后，心满意足地离开了山羊家，来到绿草地上的一棵大树下，躺下身子开始呼呼大睡起来。

没过多久，老山羊从森林里回来了。啊！它都看到了些什么呀！屋门敞开着，桌子、椅子和凳子倒在地上，洗脸盆摔成了碎片，被子和枕头掉到了地上。它找它的孩子，可哪里也找不到。它一个个地叫它们的名字，可是没有一个出来答应它。最后，当它叫到最小的山羊的名字时，一个细细的声音喊叫道："好妈妈，我在钟盒里。"老山羊把它抱了出来，它告诉妈妈狼来过了，并且把哥哥姐姐们都吃掉了。大家可以想象老山羊失去孩子后哭得多么伤心！

老山羊最后伤心地哭着走了出去，最小的山羊也跟着跑了出去。当它们来到草地上时，狼还躺在大树下睡觉，呼噜声震得树枝直抖。老山羊从前后左右打量着狼，看到那家伙鼓得老高的肚子里有什么东西在动个不停。"天哪，"它说，"我的那些被它吞进肚子里当晚餐的可怜的孩子，难道它们还活着吗？"最小的山羊跑回家，拿来了剪刀和针线。老山羊剪开那恶魔的肚子，刚剪了第一刀，一只小羊就把头探了出来。它继续剪下去，六只小羊一个个都跳了出来，全都活着，而且一点也没有受伤，因为那贪婪的坏蛋是把它们整个吞下去的。这是多么令人开心的事啊！它们拥抱自己的妈妈，高兴得又蹦又跳。可是羊妈妈说："你们去找些大石头来。我们趁这坏蛋还没有醒过来，把石头装到它的肚子里去。"七只小山羊飞快地拖来很多石头，拼命地往狼肚子里塞。然后山羊妈妈飞快地把狼肚皮缝好，结果狼一点也没有发觉，它根本都没有动弹。

狼终于睡醒了。它站起身，想到井边去喝水，因为肚子里装着的石头使它口渴得要死。可它刚一迈脚，肚子里的石头便互相碰撞，发出哗啦哗啦的响声。它叫道："是什么东西在碰撞我的骨头？我以为是六只小羊，可怎么感觉像是石头？"

孩子，让我们一起面对

它到了井边，弯腰去喝水，可沉重的石头压得它掉进了井里，淹死了。七只小山羊看到后，全跑到这里来叫道："狼死了！狼死了！"它们高兴地和妈妈一起围着水井跳起舞来。

（杨武能、杨悦 译）

牵手阅读

本篇选自《格林童话》。《格林童话》是由德国格林兄弟收集、整理的德国民间故事集，大部分源自民间的口头传说，其中比较有名的有《灰姑娘》《白雪公主》《青蛙王子》等童话故事。你一定听过《小·红帽》的故事，那里面的大灰狼用相同的手段满足了食欲，最后得到了应有的惩罚。把这两个故事讲给爸爸妈妈听，说说它们的不同。

导读

机智的小朋友在身处险境时也能冷静思考，为亲人、警方巧妙地提供线索，来助自己脱身。看看是怎么一回事。

勒索信

[美]明德雷特·洛德

鲍比·斯科特被绑架了。三天后，来了一封信，信封上写着"斯科特亲启"，盖着纽约的邮戳。

"可能是绑架者寄来的。"美国联邦调查局负责本案的埃文斯说。他小心翼翼地打开信封，用镊子夹出里面的两页纸，在桌上展开。两页纸上的字都是用铅笔写的，一页是印刷体，一页是鲍比本人的笔迹。

第一页纸上写的是：

如果还想见到你的孩子，就准备好十万美元的小额纸币！

男孩的信上写的是：

亲爱的爸爸：

　　他们说，我应该给您写一封平安信来证明我没有死。为了证明真是我自己写的信，我就给您描述一下小鸟吧。我看见一只鸟在啄一棵树，这只鸟除了头和脖子是白色的，身上其他地方都是黑色的。在这只小鸟的头的后面有一些红色的斑点。还有一只鸟，是一种麻雀，整棵树上只有它在鸣叫，这只鸟的头顶是灰色的，身体上有黑色的条纹，尾巴非常短。我冲它扔了一截树枝，它就向南飞去了，我敢说它一口气能飞十六千米。这里还有一只蓝色的知更鸟，发出咯咯的噪音。好吧，希望很快见到您。

爱您的鲍比

　　埃文斯看着桌上摆放的男孩的照片，男孩身体很强壮。"这个孩子非常热爱大自然吧？好啦，我检查一下信上的指纹，说不定能得到一些线索。"

　　斯科特先生摇了摇头："是呀！他向来爱研究鸟类。可是，你瞧，这封信里有一些错误。我想复印一份，行吗？"得到允许后，他复印完信，一边拿起帽子向外走，一边说："我到图书馆去一会儿，马上回来。"

斯科特先生两个小时后回来了。埃文斯依然一无所获。他没有从信上得到任何线索，没有指纹，什么痕迹都没找到。

斯科特说："看这里，埃文斯。你没找到什么，我倒是有种预感。不是预感，我相信这是真的。我想我儿子应该还活着。除此之外，我想我知道能在什么地方找到他。先别问我原因，否则你会认为我疯了。也许这只是我的瞎想，但是我要坐飞机去加利福尼亚州，马上就去！"

"加利福尼亚州！可是邮戳是纽约的呀！"埃文斯开始表示不同意。他接着问道："你发现了什么我不知道的东西吧？究竟是什么意思呢？"

"还不敢肯定。你尽管相信我好了，要是你不想跟我去，我就自己去。"

当他们在加利福尼亚州的圣巴巴拉市下飞机时，一队警务人员在等着他们。

斯科特告诉他们："我要找的地点大概在这里以北约十六千米远的地方，那里长着很多高大的松树，附近不是有一条溪流就是有一个小湖。我从没有见过那个地方，但是我十分肯定我的儿子就在那里。"

一个警员说："不错，真有那么一个地方，几年前我曾经到那个地方搜索过。"

他们没费什么周折就找到了那里。那里能藏身的地方只有一处，是一间几年都没人住过的旧木屋。警察从三面包围上去，没开一枪就捉住了猝不及防的看守。

斯科特把儿子抱在怀里，埃文斯听见男孩说："我就知道你会来，爸爸！我知道你能找到这里！"

埃文斯抱怨道："我还一直蒙在鼓里呢。现在说说事情的整个经过吧。我猜，是你儿子的信指引你找到他的。可这到底是怎么回事呢？"

斯科特先生笑着拍拍鲍比的肩头，说："没什么神秘之处。那封信让人觉得像是以前从未见过鸟的人写的，但是鲍比已经研究了好几年鸟类，他熟悉所有的鸟。起初，我不明白为什么他假装啥也不懂，实际上他写得非常巧妙。"

"嘿，见鬼！"男孩说，"咱们走吧。"

斯科特先生接着说："我在图书馆里查到了鲍比信里所写到的鸟，就找到了答案。他所说的那种白头啄木鸟分布在太平洋沿岸的松林地区，他所描述的那种鸣叫的麻雀叫作'圣巴巴拉麻雀',只有一种蓝色的知更鸟叫起来咯咯响,这种鸟又叫作'鱼狗',总是生活在离淡水不远的地方。"

"这下我全明白了!"埃文斯说,"但是离圣巴巴拉市约十六千米,这是怎么回事?"

斯科特先生笑着说:"那都是我猜出来的。鲍比信上说那只麻雀一口气向南飞十六千米。我知道麻雀只进行短途飞行,比如从一棵树上飞到另一棵树上。等我开始明白鲍比是在巧妙地告诉我们他在什么地方时,就把这一切推测结果综合在一起了。"

（孙宝国 译）

 牵手阅读

文章中被绑架的孩子通过描写熟悉的鸟类为爸爸提供线索,爸爸也与孩子心有灵犀,领会了孩子的意思,顺利营救。如果你是这个小孩子,你会怎

么做呢？这篇文章让我们联想到现在的侦探小说。

侦探小说是通俗文学中最受欢迎的题材之一，是以

案件发生和推理侦破过程为主要描写对象的小说类

型，与哥特小说、犯罪小说和由它们衍生出来的间

谍小说、警察小说、悬疑小说同属神秘惊险小说的

范畴，其中推荐大家阅读阿瑟·柯南·道尔与阿加

莎·克里斯蒂的小说。你读过侦探小说吗？请介绍

给大家。

导读

你喜欢唱歌吗？这篇文章里作者的父亲就是一位非常喜欢音乐的人，来看看作者的父亲是如何对待音乐的吧。

父亲的歌

［美］黑尔格

他没有弹奏乐器，甚至一个音符也不懂，他教给了我世界上美妙的乐章。

——题记

如果我闭上双目静下心来，我就能记起父亲教我听歌那个晚上的情景。那时我大概有五六岁吧，那是内布拉斯加州长期干旱的年头。那天下午，天像蒸笼一样，连呼吸都感到困难，夜幕降临后，我便爬上床。这时，一道微弱的电光透过绿白相间的窗帘划过了漆黑的天空……

当那长长的、低沉的、从远处传来的雷声变大时，我拉过阿尔塔姨妈那用破布拼成的被子紧紧地包住了头和枕头，软百叶帘叮叮当当地响着，风就像挤进窗缝和门槛的魔鬼一样吼叫着。接着，整个房间被电光照亮了，随即就听到了千万只鞭炮的震响，我想跑回父母的房间去，但我被吓呆了，此时我只会哭喊了。

很快，父亲来到了我的床前，并用他的双臂使劲摇撼我。当我平静下来后，他说："你听！暴风里有一支歌，你能听到吗？"我停止哭泣听了起来。又一道电光，又一声炸雷，"快听那鼓声，"父亲说，"没有鼓还叫什么音乐！没有节奏，没有深度，没有精神。"接着又传来鬼叫似的声音，于是我便紧紧抱住爸爸。"哎！"他小声道，"我觉得咱们已听到了悦耳的口琴声，你听到了吗？"

我仔细谛听着，"没听到，"我轻声答，"我听这声音像竖琴。"

父亲抚弄着我的脸颊："现在你真的懂了！你闭上眼看看你能否爬上音符并骑到它背上去，它将把你带到一个个你吃惊的地方。"

随即，我便闭上眼睛非常非常细心地听起来。接着，我便骑上竖琴的音符一直跨进了清晨。这一觉睡得真香！

父亲是位古板的、整天工作不休息的医生。他没有演奏过乐器，他甚至连一个音符也不识，但他喜爱听过去的音乐。他经常绕着屋子用发自胸腔的嘶哑声音大声唱起来，当我们取笑他时，他便会说："啊，要是你们不打断我，那该是首多么好听的歌啊！"他有时会坐在日光室里，用那台古老的留声机摇出轻音乐来，但几分钟后，那里除了安宁就什么声音也没有了。一天，我问他音乐停止后他做了什么。

"噢，"父亲回答，同时用手捂住胸口，"当真正的音乐开始时我在听自己的歌。"

那时我对此还不太明白，但几年过后，我父亲教会了我如何欣赏自己的歌。一次，在科罗拉多山区，我们一起凝视着山涧跳动的小溪，"溪流里有一支歌，"他说，"你能听到吗？"对我来说，过去那连续不断的流水声，现在闭上眼睛一听，我发现自己竟能听出流水的汹涌声。

"宇宙间的一切都有音乐，"父亲说，"音乐存在于季节变换中，存在于你心脏的搏动里，存在于快乐和痛苦中。不要抵制它，要顺其自然，使它成为它自己的乐章。"

此后不久，在第二次世界大战期间，我站在海军一艘舰艇上吻别了那当随船医生的父亲。在孩子般的恐慌中，我紧紧地抱住了父亲，不想让他走。他温和地说，"听！你能听到波浪的音乐吗？"我屏住呼吸静听着，非常细心。在大海的声音里有一种暂停的音乐，突然我觉得有种强有力的、稳固的、可靠的东西使我振作起来，我放开紧抱父亲的双臂，向跳板走去。

父亲返回后不久，我就听到了自己生命的乐章。我在一所聋哑学校作为听说课的教师参加了工作。我喜欢帮助生活困难的孩子，当然，也碰到不少使我心境烦乱的问题，如莎莉·安的问题。

她长着一头鬈发，是个漂亮的小姑娘。尽管她不太聋，但她的一年级还是在奥马哈的内布拉斯加聋哑学校上的。但现在她家乡的学校也有了听说课，于是她父母便把她接回家了。然而，几个星期后，莎莉·安由于不适应，已经失去信心了。过了几周，她就放弃了听力学习，于是她父母又把她送了回来。

我知道得设法让莎莉·安把注意力集中在听力上。因此，我便用音乐帮她听，这种训练使她发生了兴趣。一天，当我和她一起听贝多芬的《第五交响曲》时，我想起了父亲在日光室教我的情形。

"莎莉·安，"我说，"咱们做些别的吧，我要把音乐关掉，但我希望你继听。"看来她有些不解。"我不是要你用耳朵，而是用心听。当你的心里响起音乐时，无论你走到哪里，你都会听到美妙的乐曲。"

此后，每天我们都用部分时间听音乐，然后就关闭录音机，我和莎莉便双手抱拳放在胸前，来倾听自己心中的歌。这使她出现了奇迹，她非常喜欢！当我从大厅经过看见她，或在操场上见到她时，总见她把双手放在胸前，她的脸像阳光一样闪着光——我知道她在听那支心中的歌。

不久，莎莉的班主任问我："你怎么训练她的？我讲课时她不像往常那样盯着桌子，而是一直看着我，她还能辨别方向，你注意了吗？她现在不是拖着步转圈，而是真的能跳了！"

作为妻子和母亲，父亲教我的歌也帮我渡过难关。记得那是个严冬之夜，我那17岁的儿子正住院，生命垂危，我急得在候诊室里踱来踱去，那场车祸已夺去了保罗女友的生命，也使他处于昏迷之中了。

时间仍在流逝，我的恐惧感也在上升，终于，我哭着跑进了夜幕中。忽然，我脑海中出现一道闪光：我记起多年前卧室窗前掠过的风的吼声——那是父亲第一次教我听歌的时刻。很快我就冷静了，我又返回诊室外静听起来。

起初，我听到的一切都是抢救室记录器传出的如炉火的呼呼声。但当我更仔细地听起来时，这声音成了大提琴的细小音调。在琴音之后，是微弱的短声，我停住脚步坐下，闭上眼，爬上那炉火之音的脊背……直到黎明，保罗得救了——我的歌和他一起获得了生命。

后来，在一个非常突然的夜晚，我的音乐被电话打断了。我一听到弟弟的声音，就知道是父亲去世了。他死于心脏病，非常突然。我倒在床上合上双眼，我的眼眶里没有泪水——只是一片黑暗。我躺了许久，没有动，希望醒来时发现这是个梦。

但父亲真的去了。我的感觉麻木了，有好几个星期，我都是靠在悲伤的沉寂中漫步度过的。

有一天晚上，我正独自坐在起居室里，我听到了吹过烟囱的冬风。这悲凄的声音好像要引起我的回忆，但又像有种无形的力量在约束我。听！不由自主地，我冷静下来。壁炉的声音不像口琴声，也不像喇叭声，对，它更像甘美多汁的长笛声。

马上，我感觉自己在微笑。此时，我知道在某个地方有位老人带海腥味的灵魂正倾听着同一支天上的乐曲——

他的所有人间生活的回声。

我听着，似乎没有爬上音乐的脊背。于是，我便合上双眼，又骑上烟囱旁边的乐谱，一直到敲响了晨钟……

（孙旭 译）

 牵手阅读

这是一篇怀念父亲的散文。文章开头以"父亲教我听歌那个晚上"引出回忆，层层拓展，展现了一个个人生的片段，从中我们可以感受到父亲对自然、生活的热爱，对女儿的爱，对生命的深切认识，还有父亲直面人生困境的勇气与力量。整篇文章更是饱含女儿对父亲深切的爱与怀念之情。想一想，本文的题记里，作者为什么说父亲教给了她世界上美妙的乐章呢？

小学版《语文第二课堂》自2019年出版后，得到读者的广泛好评，为配合市场需求，我们在《语文第二课堂》基础上，根据专家和读者的反馈定制了这一拓展阅读版。这套图书得到了许多作者和译者的帮助，在此一并致谢。部分文章因编选的需要，做了删改，特此说明。虽经多方努力，仍有部分版权所有人未能于出版前取得联系，我们将委托中国文字著作权协会代转稿酬及样书，联系电话：010-65978917。